ゼロ から スタート！

岩田美貴の 2021-'22年版

FP3級

問題集

LEC東京リーガルマインド 著

LEC専任講師 岩田美貴 編

KADOKAWA

実績抜群のLECが最短合格をナビゲート!

本書は、FPの指導実績27年で20万人以上の受講者を誇る資格の総合スクールLECが執筆しています。多くの受講者を最短合格に導いてきたオリジナル問題を1冊に凝縮。初学者や独学者でも合格ラインをらくらく突破できます。

合格力が楽しく身につきます!

LEC 専任講師
岩田 美貴
(いわた・みき)

本書のポイント

1 実績27年の合格メソッドが満載

20万人以上の受講実績で合格者を多数輩出しているトップスクールが必修問題を凝縮。狙われるポイントを徹底解説しました。

2 的中率抜群の模擬試験を収録

的中率に定評のあるLEC模試のノウハウを織り込んだ模擬試験が付属。本試験対策も万全でお得な1冊です。

3 すべてLECのオリジナル問題

本試験では同じ過去問は出題されません。頻出ポイントだけを入れたオリジナル問題で効率的に学習できます。

4 トップ講師が問題をセレクト

講師歴19年で大人気の岩田講師が問題を厳選。最短ルートの効率学習とわかりやすい解説にこだわりました。

最強のLECメソッドで対策は万全

STEP 1
基礎知識が確実になる学科対策

学科試験では、FPとしての基礎知識が問われます。本書では、最短で知識を定着できるよう、見開きレイアウトを採用。すぐに解答を確認できるので着実に学習が進みます。また、先生のコメント満載で飽きずに学習ができます。

STEP 2
「応用力」が身につく実技対策

実技試験では、事例形式でFPの実践力が問われます。用語や制度の知識だけでなく、提示された資料から読み解く力が求められます。本書は「答え」にたどり着く根拠を徹底解説。本番で慌てない応用力が身につきます。

STEP 3
模擬試験で総仕上げ！

第7章にはLECによるFP対策のノウハウが詰まった本試験形式の模擬試験を収録。試験のレベルに慣れて知識の穴を確実にしましょう。間違えたところは要復習！

効率的に1回で合格！

はじめに

　本書は、国家資格である3級ファイナンシャル・プランニング技能検定（以下、FP3級）を受検する皆さまのために作られた問題集です。

　FP3級は、NPO法人日本ファイナンシャル・プランナーズ協会（以下、日本FP協会）と一般社団法人金融財政事情研究会（以下、金財）により実施されています。FPの初級資格として位置づけられており、ご自身のライフプランを設計するうえで必要となるお金に関するさまざまな知識が幅広く身につけられます。近年は、FP資格の認知度が高まっていることから、人気資格の1つとして受検生は着実に増加しています。

　本書は、長年にわたってFP試験対策を行ってきたLEC東京リーガルマインドが、最新の試験傾向を盛り込み、皆さまが、合格に必要な知識を無理なく身につけられるように工夫して作成しています。主な特徴は以下のとおりです。

> ❶本試験を徹底分析したオリジナル問題で構成
> ❷論点を押さえた詳細な解説で合格レベルへ
> ❸高い的中率を誇るLEC作成の模擬試験を1回分収録

　また、本書に完全対応したFP3級のテキスト『ゼロからスタート！ 岩田美貴のFP3級1冊目の教科書』と併せてご活用いただくことで、合格のための知識をさらにしっかりと定着させることができます。

　皆さまが、本書を利用して、効率的に短期間でFP3級に合格されることを心よりお祈り申し上げます。

2021年4月
LEC東京リーガルマインド　FP試験部

Contents

本文デザイン　川野有佐

本文イラスト　寺崎愛／福々ちえ

すぐわかるFP3級の概要

試験概要

　FP3級の検定試験は、学科試験と実技試験があります。試験は同日に実施されますが、合否の判定はそれぞれ行われます。

　学科試験と実技試験の両方に合格すると、3級FP技能士の合格証が発行されます。学科試験のみ、あるいは実技試験のみ合格した場合は、一部合格者として翌々年度末まで、合格した試験の受検が免除となります。

◎ 学科試験

出題形式	マークシート形式60問（○×式30問、三肢択一式30問）
合格基準	60点満点で36点以上
試験科目	①ライフプランニングと資金計画 ②リスク管理 ③金融資産運用 ④タックスプランニング ⑤不動産 ⑥相続・事業承継
試験時間	120分

◎ 実技試験

実施団体	日本FP協会	金融財政事情研究会
科目	資産設計提案業務	個人資産相談業務、保険顧客資産相談業務から1つ選択
出題形式	マークシート形式 （三肢択一式20問）	事例形式5題
合格基準	100点満点で60点以上	50点満点で30点以上
試験科目	①関連業法との関係及び職業上の倫理を踏まえたファイナンシャル・プランニング ②ファイナンシャル・プランニングのプロセス ③顧客のファイナンス状況の分析と評価	①関連業法との関係及び職業上の倫理を踏まえたファイナンシャル・プランニング ②個人顧客（または保険顧客）の問題点の把握 ③問題の解決策の検討・分析
試験時間	60分	

実施機関による試験の違い

　本書は学科試験および実技試験（日本FP協会の**資産設計提案業務**、金財の**個人資産相談業務**）に対応しています。学科試験はどちらで受検しても同じ問題となりますが、合格率や受検者層などが異なります。主な特徴は以下のとおりです。

日本FP協会	合格率は、学科試験が70～80％、実技試験は80～90％。個人の受検者が多い。
金財	合格率は、学科試験・実技試験ともに40～70％。金融機関など法人の受検者が多い。実技試験はやや専門的。

試験日程

　試験は年3回実施されます。本書では、**2021年9月12日（日）、2022年1月23日（日）、5月（刊行時未定）**実施の試験に対応しています。なお、問題や解答等がいつの時点の法令に基づくか（法令基準日）については、9月試験は当年の4月1日、1月・5月試験は前年の10月1日です。

受検資格

　特にありません。

試験実施機関（申込み・問合せ先）

　試験の詳細や申込みについては、下記実施団体のウェブサイト等でご確認ください。

● NPO法人 日本ファイナンシャル・プランナーズ協会
　https://www.jafp.or.jp　TEL:03-5403-9890（試験業務部）

● 一般社団法人 金融財政事情研究会
　https://www.kinzai.or.jp　TEL:03-3358-0771（検定センター）

本書は2021年4月1日現在の法令等に基づいて執筆・編集されています。検定試験に関する最新情報は、試験実施機関のウェブサイト等にてご確認ください。

「ゼロからスタート! FPシリーズ」 はこう使う

本書は問題集として単独で使うこともできますが、『ゼロからスタート! 岩田美貴のFP3級1冊目の教科書』に完全対応しており、初学者・独学者でも以下のステップで効果的に学習を進めることができます。

その1　テキストをざっと読んで流れをつかもう

最初にテキストを通読して、どのような内容が出題されるのかを把握しましょう。余裕があれば、もう一度読み直して理解が足りないテーマを押さえていきましょう。

その2　問題を解いて知識を定着させよう

一通り知識が身についたら、本書で問題をどんどん解いていきましょう。問題を解くことで知識の定着を図ることができ、また学習すべきテーマが明確になります。

その3　再度テキストを読み込んで知識の穴埋めを

苦手分野を中心にテキストをしっかり読み込むことで、合格レベルに足りない知識を得ることができます。ここまでくれば基本的な実力は身についているはずです。

その4　模擬試験を解いて試験に慣れよう

第7章には抜群の的中率を誇るLECの模擬試験を収録しています。模擬試験を解くことで、実力の確認と試験形式に慣れることができます。間違えた問題についてはテキストで知識を確認するだけでなく、受検前にもう1度解いてみましょう。

セットで学べば
効果は抜群!

第1章

ライフプランニングと資金計画

重要ポイント

学科	・関連業法に関する問題は毎回出題されます。
	・医療保険制度は、協会けんぽの健康保険の特徴と任意継続被保険者制度をしっかり理解しましょう。
	・雇用保険は、教育訓練給付、高年齢雇用継続給付がよく出題されます。
	・公的年金制度は、老齢給付を中心に、遺族給付の受給要件をチェック。
実技	・資産設計提案業務では、キャッシュフロー表と個人バランスシート、6つの係数を使った問題が毎回出題されます。
	・個人資産相談業務は、老齢年金の受給額の計算も出題されます。

▶過去5回分の出題傾向

	学科	実技	
	共通	資産	個人
FPと関連法規	A	A	
ライフプランニングと資金計画	A	A	
6つの係数	B	A	
医療保険	A	B	
介護保険・労災保険	B	C	
雇用保険	C		
公的年金の仕組み	C		A
老齢給付	A	B	B
障害給付・遺族給付	B	B	B
企業年金等	B	C	C

Aは必修、
Bはよく出る、
Cはたまに出る
テーマだよ！

※「資産」は日本FP協会の資産設計提案業務、「個人」は金財の個人資産相談業務を示しています。

学科試験対策

次の各文章について、一問一答問題では適切なものに○を、不適切なものに×を付けましょう。また、三肢択一問題では（　　）内にあてはまる最も適切な文章、語句、数字またはそれらの組合せを(1)〜(3)のなかから選びましょう。

① ファイナンシャル・プランニングと倫理

一問一答問題

1 ファイナンシャル・プランナーは、顧客から保険の見直しなど個別分野の相談を受けた場合でも、その領域のプランニングだけでなく、包括的なプランニングを行う必要がある。

2 ファイナンシャル・プランナーは、職業倫理として、仕事上知り得た顧客情報に関する守秘義務を厳守しなければならない。

三肢択一問題

3 （　　）とは、「法令順守」を意味する言葉であり、ファイナンシャル・プランナーは、社会的に重要な専門的職業として（　　）を意識した行動が不可欠である。
（1）コンプライアンス　（2）プライバシー　（3）クーリング・オフ

② ファイナンシャル・プランニングと関連法規

一問一答問題

1 弁護士資格を有しないファイナンシャル・プランナーが、顧客から相続についての相談を受け、遺言に関する一般的な説明を行う行為は、無償であっても弁護士法に抵触する。

2 ファイナンシャル・プランナーは、顧客の確定申告書の作成に関して個別具体的な相談を受ける場合、無償で応じるならば、税理士法には抵触しない。

よく出る

●問題の難易度について、**A** は難しい、**B** は普通、**C** は易しいことを示しています。

	正解

ファイナンシャル・プランナーは、包括的なプランニング・アプローチを心がけ、三大資金の計画の優先順位を判断し、短期・中期・長期のライフプラン全体を考慮した視野が要求されます。保険の見直しなど、個別分野の相談を受けた場合でも、**包括的に判断**してアドバイスする必要があります。

〇

ファイナンシャル・プランナーには、職業倫理上、顧客から知り得た情報を他に知らせてはいけない**守秘義務**や、関連する法令に従って業務を行う**法令順守**が求められます。

〇

コンプライアンス（compliance）とは、法令を順守するばかりでなく、倫理や社会規範を順守することも意味しています。ファイナンシャル・プランナーが業務を行うに当たっては、コンプライアンスが求められます。

(1)

弁護士資格を有しないファイナンシャル・プランナーが、顧客から相続についての相談を受けて遺言に関する説明を行う場合、**一般的な説明**であれば、弁護士法には抵触しません。

> 遺言書の作成のアドバイスや遺産分割に関する具体的な法律業務については、弁護士でなければ行うことができません。

×

有償・無償に係わらず、税理士でない者が**個別具体的な税務相談**を行うことは、税理士法に抵触するので、FP資格を持っていても行うことはできません。

×

3 保険募集人資格を持っていないファイナンシャル・プランナーは、（　　　　）をすることはできない。

（1）必要保障額の計算

（2）保険契約締結の媒介

（3）変額年金保険の概要説明

❸ ライフプランニングの考え方・手法

一問一答問題

1 ファイナンシャル・プランナーが、顧客の結婚やマイホームの購入などの資金計画のプランニングを行う際は、顧客の資産などの状況に係わらず一般的な費用の平均価格を用いてプランニングを行うべきである。

2 顧客のライフプランニングを行う際にファイナンシャル・プランナーが作成するライフイベント表とは、顧客とその家族の将来におけるライフイベントと、それに必要な資金を時系列にまとめたものである。

3 キャッシュフロー表を作成する際の収入金額には、税金と社会保険料を控除した可処分所得を使用する。

4 キャッシュフロー表に記載する金額は、物価変動が予想される項目については、一般的に、その変動を加味した将来値を記載することが望ましい。

5 ファイナンシャル・プランナーが、顧客のライフプランニングを行う際に作成する個人バランスシートにおいて、顧客の資産合計額から負債合計額を引いたものが純資産額である。

6 個人バランスシートに計上する有価証券の価額については時価、生命保険については契約時の保険金額を使用する。

7 毎年、一定の金額を積み立て、年1％の利率で複利運用しながら、10年後に子供の大学の入学資金として200万円を用意したいとき、必要資金を準備するための毎年の積立金額を算出するには、減債基金係数を用いるとよい。

正解

保険業法により、保険募集人の資格を保有しない者は、**保険の募集（契約・媒介・代理）**を行うことはできません。また、保険募集人であるFPであっても、募集に際しての禁止行為を十分理解して保険の募集を行う必要があります。

(2)

B

ファイナンシャル・プランナーが顧客の資金計画についてプランニングを行う際は、**顧客の収入や支出、資産や負債の状況**などを把握し、顧客の考え方・価値観に基づいてプランニングを行います。

C

ライフイベント表とは、顧客とその家族の将来のライフイベント（住宅購入、学校入学、家族旅行、退職など）とそれに必要な金額を年ごとに記載し、**時系列にまとめた表**のことです。

C

収入金額から税金（所得税・住民税）と社会保険料を控除した手取り額を**可処分所得**といい、キャッシュフロー表の収入には、可処分所得を記入します。

B

キャッシュフロー表では、基本生活費や教育費など、物価変動によってその額の変動が予想されるものについては、その変動を加味した**将来値**を記載するのが一般的です。

C

個人バランスシートとは、**顧客の資産の額と負債の額のバランス**を判断するもので、資産合計額から負債合計額を引いたものが純資産額です。一般的には、純資産額がプラスになることが望ましいといえます。

C

個人バランスシートに計上する金額は、有価証券は時価を使用しますが、生命保険については、作成時点の**解約返戻金相当額**を使用します。

B

減債基金係数は、必要資金を積み立てて複利運用しながら準備する際に、毎年必要となる積立額を求める係数です。

B

8
☐☐ 「年3％で複利運用しながら毎年120万円の年金を10年間受け取る場合の元金はいくら必要か」という計算をするときは、年金終価係数を利用するのが適切である。

三肢択一問題

9
☐☐ 可処分所得は、（ ① ）から所得税・住民税と（ ② ）を控除した金額である。
（1）① 年収　　　② 年金保険料
（2）① 所得金額　② 社会保険料
（3）① 年収　　　② 社会保険料

10
☐☐ 現在45歳のYさんが、65歳の定年時に、老後資金として2,000万円を準備するために、現在から20年間、毎年一定額を積み立てる場合、必要となる毎年の積立金額は（　　　）である。なお、毎年の積立金は、利率（年率）1％で複利運用されるものとし、計算に当たっては下記の〈資料〉を利用するものとする。 **よく出る**

〈資料〉期間20年・利率1％の各種係数

現価係数	資本回収係数	減債基金係数
0.8195	0.0554	0.0454

（1）908,000円　（2）1,108,000円　（3）16,390,000円

11
☐☐ 複利運用しながら毎年一定の年金を受け取るために、必要な年金原資を試算する場合には、6つの係数のうち（　　　）を使用する。
（1）年金終価係数　（2）年金現価係数　（3）資本回収係数

複利運用しながら、一定の金額の年金を一定期間にわたって受け取る場合の元金を求めるには、**年金現価係数**を利用します。

> 年金終価係数は、毎年一定の金額を積み立てて、一定の利率で運用した場合、一定期間後にいくらになるかを求める係数です。

×
B

可処分所得とは、自分の意思で使えるお金をいい、**年収**から**所得税・住民税**と**社会保険料**を控除した後の金額です。

(3)

B

一定の利率で複利運用しながら、一定期間経過後に一定金額を積み立てる場合の毎年の積立額を求めるには、**減債基金係数**を用います。

2,000万円×0.0454＝**908,000円**

📖✏ 6つの係数のまとめ

①終価係数	現在の額から将来の額を求める
②現価係数	将来の額から現在の額を求める
③年金終価係数	毎年の積立額から将来の額を求める
④減債基金係数	将来の額から毎年の積立額を求める
⑤年金現価係数	一定の年金をもらうために必要な年金原資を求める
⑥資本回収係数	年金原資（手持ち資金）を基に毎年受け取る年金を求める

(1)

A

一定期間にわたって運用しながら、毎年一定の金額を受け取るために、今いくらあればよいかを求めるには、**年金現価係数**を用います。

(2)

B

❹ ライフプラン策定上の資金計画

1 ☐☐ 住宅の購入資金のプランニングを行う際は、購入を希望する住宅の価格だけでなく、不動産取得税や登録免許税、住宅ローンの事務手数料、登記費用など、住宅購入に際して必要となる諸費用を含めて資金計画を立てる必要がある。

2 ☐☐ 財形住宅貯蓄は、元利合計または払込保険料累計額で550万円まで非課税で積立てができる、給与天引きの積立制度である。

3 ☐☐ 住宅ローンの返済方法において元利均等返済方式と元金均等返済方式を比較した場合、返済期間や金利などの他の条件が同一であれば、通常、利息を含めた総返済金額が多いのは、元利均等返済方式である。 **よく出る**

4 ☐☐ 住宅ローンの固定金利選択型では、固定金利の期間が長いほど、適用利率は高くなる。

5 ☐☐ 住宅ローンの繰上げ返済の方法に期間短縮型と返済額軽減型があるが、同じ借入れ条件であれば、返済額軽減型のほうが期間短縮型に比べて、利息軽減効果が大きくなる。

6 ☐☐ 住宅ローンにおいて、「フラット35」を利用して融資を受ける際の取扱窓口は民間金融機関であり、適用される金利は取扱金融機関によって異なる。

7 ☐☐ 教育資金を準備するための1つの方法であるこども保険（学資保険）は、契約者である親が死亡した場合、それ以降の保険料が免除される。

8 ☐☐ 日本政策金融公庫の教育一般貸付（国の教育ローン）の資金使途は、受験にかかった費用（受験料、受験時の交通費・宿泊費等）および学校納付金（入学金、授業料、施設設備費等）に限られる。

9 ☐☐ 日本政策金融公庫の教育一般貸付の融資限度額は、一定の要件のもと、学生・生徒1人につき450万円となっている。

	正解

住宅の購入に際しては、物件の購入費用だけでなく、不動産取得税などの税金、住宅ローンを組むに当たっての手数料、登記費用、仲介手数料などさまざまな費用が必要となります。それらの費用も含めて、**住宅購入のプラン**を立てる必要があります。

○ C

財形住宅貯蓄は、給与天引きの積立制度で、契約時に55歳未満の勤労者が利用することができます。元利合計または払込保険料累計額が**550万円**まで、非課税で積み立てできる住宅取得のための貯蓄制度です。

○ B

住宅ローンの返済方法において元利均等返済方式と元金均等返済方式を比較した場合、返済期間や金利などの他の条件が同一であれば、通常、利息を含めた総返済額が多いのは、**元利均等返済方式**です。

○ B

住宅ローンの固定金利と変動金利を比較すると、一般的に、固定金利のほうが利率は高くなります。固定金利選択型は、住宅ローンの借入れ当初から一定期間、固定金利が適用されますが、**固定金利の期間が長いほど、適用利率は高く**なります。

○ A

住宅ローンの繰上げ返済の方法には、期間短縮型と返済額軽減型の2つの方法があります。借入れ条件が同じであれば、利息軽減効果が高いのは**期間短縮型**のほうです。

✕ B

「フラット35」は、独立行政法人住宅金融支援機構がバックアップする民間金融機関の長期固定金利の住宅ローン商品で、融資の窓口は民間金融機関です。融資金利等は**取扱金融機関によって異なります**。

○ B

こども保険（学資保険）は、契約者である親が死亡した場合や重度障害となった場合には、それ以降の**保険料が免除**されます。また、育英資金が支給されるタイプの商品もあります。

○ C

日本政策金融公庫の教育一般貸付（国の教育ローン）の資金使途は、**受験にかかった費用**および**学校納付金**に限られません。下宿等の住居にかかる費用や教科書代、教材費、通学費用、学生の国民年金保険料など幅広く使うことができます。

✕ B

教育一般貸付は、海外留学や自宅外通学など一定の要件のもと、学生・生徒1人につき**450万円**が融資限度額となっています。固定金利で返済期間は原則として15年以内です。

○ B

10 独立行政法人日本学生支援機構の奨学金（貸与型）には、第一種奨学金と第二種奨学金があり、第二種奨学金は無利息となっている。 **よく出る**

11 老後資金については、安全確実に運用できる商品を選択し、また、流動性のない商品を選択するのが一般的である。

三肢択一問題

12 財形住宅融資は、財形貯蓄をしている人を対象とした融資制度で、会社を通じて財形貯蓄（種類は問わない）をしている人で、継続期間が（　①　）年以上、かつ貯蓄残高が（　②　）万円以上であれば、制度を利用することができる。

（1）① 5　② 150　　　（2）① 3　② 100　　　（3）① 1　② 50

13 民間金融機関の住宅ローンの金利のうち、（　　　　）は、一定期間ごとに適用金利が見直され、返済額が増減するものである。

（1）固定金利　（2）変動金利　（3）固定金利選択型

14 フラット35（買取型）の融資限度額は（　①　）万円で、返済期間は、原則として最長（　②　）年となっている。

（1）① 8,000　② 15

（2）① 8,000　② 35

（3）① 9,000　② 35

独立行政法人日本学生支援機構の奨学金（貸与型）のうち、無利息なのは**第一種奨学金**です。なお、第一種奨学金も第二種奨学金も、資金使途は、学校納付金に限定されず、住居費用、教科書代等に使うこともできます。

X
B

老後資金は、急な出費に備えて、流動性を確保しつつ運用することが求められます。また、安全性・流動性・収益性のバランスを考慮しながら組み立てていく必要があります。

X
C

財形住宅融資は、財形貯蓄をしている人を対象とした融資制度です。この融資を利用するには、会社を通じて財形貯蓄（種類を問わない）をしていることが必要で、継続期間が**1年**以上、かつ貯蓄残高が**50万円**以上であることなどが要件となっています。

(3)
B

民間の金融機関から借り入れている**変動金利**の住宅ローンでは、通常、返済金利は**半年**ごとに、返済額は5年ごとに見直されます。

(2)
B

フラット35は住宅金融支援機構と民間金融機関の協調融資の住宅ローンで、次の特徴があります。

フラット35のまとめ

融資主体	民間金融機関
資金使途	本人または親族が住むための新築住宅の建築・購入資金、または中古住宅の購入資金
融資額	**8,000万円**まで
返済期間	15年から最長**35年**（完済時の年齢は80歳以下）
金利	長期固定金利または段階金利、融資実行時の金利が適用

(2)
B

15 日本政策金融公庫の教育一般貸付（国の教育ローン）の融資金利は
□□ （ ① ）であり、返済期間は、原則として（ ② ）以内である。
（1）① 固定金利　② 10年
（2）① 固定金利　② 15年
（3）① 変動金利　② 15年

❺ 社会保険

一問一答問題

1 健康保険では、会社員が業務上や通勤途上の病気やケガで医師の治療を受
□□ けたとき、給付を受けることができる。

2 健康保険および国民健康保険において、医療費の自己負担割合は、被保険
□□ 者の年齢に係わらず同一である。

3 健康保険の被保険者が同月内に同一の医療機関等で支払った医療保険の自
□□ 己負担金の額が、その者の自己負担限度額を超えた場合、超えた額が、所
定の手続きにより、高額療養費として支給される。

4 健康保険の被保険者が退職するとその資格を喪失するが、本人が希望すれ
□□ ば、引き続き2年間は健康保険の被保険者になることができる。 **よく出る**

5 介護保険の第2号被保険者は、末期ガンや、老化に起因する特定疾病によ
□□ り要介護状態になった場合でなければ、介護給付は支給されない。

教育一般貸付は、融資対象の学校に入学・在学する者が利用できる融資制度で、融資限度額は学生・生徒１人につき一定の要件のもと450万円です。**固定金利**で、返済期間は原則として**15年**以内となっています。

(2)

B

主に会社員とその扶養親族が加入する健康保険は、**業務外の病気やケガで医師の治療を受けたとき**などに給付を受けることができます。

> 会社員が業務上や通勤途上の病気やケガで医師の治療を受けた場合は、労災保険の給付の対象になります。

✕

B

医療費の自己負担割合は、健康保険、国民健康保険のいずれも小学校入学時から**70歳未満は3割**ですが、**未就学児や70歳以上では2割**となります。

✕

C

１ヵ月に同一の医療機関等に支払った医療費の自己負担額が、その者の**自己負担限度額**を超えた場合、その超えた額が健康保険から**高額療養費**として支給されます。自己負担限度額は、標準報酬月額によって異なります。標準報酬月額が28万円以上50万円未満のとき、自己負担限度額は、次の式で求められる額となります。

80,100円 ＋（医療費－267,000円）× 1％

◯

A

この制度を**任意継続被保険者制度**といい、健康保険の被保険者期間が継続して**2ヵ月**以上ある人が、資格喪失日から**20日以内**に申請すると、退職後も引き続き**2年間**は従前の健康保険の被保険者になれます。ただし、保険料は全額自己負担です。

◯

B

第２号被保険者（40歳以上65歳未満の人）は、**老化に起因する疾病や末期ガンなどにより要介護状態**になった場合でなければ、介護給付は支給されません。

◯

B

6 労災保険は、労働者の業務上や通勤途上での負傷、または疾病等に対して給付をするものであるが、保険料は全額事業主負担となっている。

7 雇用保険の基本手当の給付日数は離職の理由等により異なるが、自己都合で退職した場合、基本手当は7日間の待期期間に加え1ヵ月間は支給されない。

8 雇用保険の高年齢雇用継続基本給付金は、原則として、被保険者期間の要件を満たす60歳以上65歳未満の被保険者が、60歳到達時点に比べて賃金が75％未満に低下した状態で就労している場合に、被保険者に対して支給される。 **よく出る**

三肢択一問題

9 健康保険には、全国健康保険協会が保険者となる（　①　）と、健康保険組合が保険者となる（　②　）がある。 **よく出る**
(1) ① 協会管掌健康保険　② 組合管掌健康保険
(2) ① 国民健康保険　　　② 組合管掌健康保険
(3) ① 協会管掌健康保険　② 国民健康保険

10 健康保険の被扶養者は、健康保険の被保険者に扶養されている親族で、年収が（　①　）未満（60歳以上および障害者の場合は180万円未満）で、かつ、被保険者の（　②　）未満の収入の者である。
(1) ① 103万円　② 4分の1
(2) ① 130万円　② 2分の1
(3) ① 150万円　② 3分の2

11 健康保険の被保険者に支給される傷病手当金の額は、1日につき、原則として被保険者の標準報酬日額の（　　　）に相当する額である。
(1) 3分の1　(2) 2分の1　(3) 3分の2

正解

労災保険の保険料は**全額事業主負担**であり、療養等の給付を受ける際の自己負担も原則としてありません。

〇
C

基本手当の給付は、**7日間の待期期間**は支給されず、本人の自己都合で退職した場合や、本人の重大な責めによる解雇などの場合には、さらに**2ヵ月間（5年間のうち2回まで、3回目以降は3ヵ月間）**支給されません。

✕
B

雇用保険の高年齢雇用継続基本給付金は、原則として、被保険者期間が5年以上ある60歳以上65歳未満の被保険者が、60歳到達時点に比べて賃金が**75%未満**に低下した状態で就労している場合に、被保険者に対して支給されます。

〇
A

健康保険には、全国健康保険協会が保険者となっている**協会管掌健康保険**と、健康保険組合が保険者となっている**組合管掌健康保険**があります。

(1)
C

健康保険の被扶養者とは、健康保険の被保険者に扶養されている親族で、年収が**130万円未満**（60歳以上および障害者は180万円未満）で、かつ、被保険者の**2分の1未満**の収入の人です。

(2)
B

被扶養者となるには、被保険者の3親等内の親族であることなどの要件もあります。

健康保険の被保険者に支給される傷病手当金の額は、1日につき原則として、当該被保険者の標準報酬日額の**3分の2**に相当する額です。

(3)
B

12 健康保険に任意継続被保険者として加入できる期間は、最長で（　　　　）
□□　である。**よく出る**

（1）2年間　（2）3年間　（3）5年間

13 公的介護保険の被保険者は、（　①　）以上の者は第1号被保険者、
□□　（　②　）の者は第2号被保険者に区分される。**よく出る**

（1）① 60歳　② 40歳以上60歳未満

（2）① 65歳　② 40歳以上65歳未満

（3）① 65歳　② 45歳以上65歳未満

14 雇用保険の基本手当は、原則として、離職前の（　①　）年間に被保険者
□□　期間が通算で（　②　）ヵ月以上ある者が一定期間受給することができる。

（1）① 1　② 6　　（2）① 2　② 12　　（3）① 2　② 24

6 公的年金

一問一答問題

1 公的年金制度には、老齢給付、障害給付、遺族給付があり、原則として、
□□　65歳以上の受給権者が、いずれかの給付を受けることができる。

2 国民年金の加入者は、原則として、国内に居住する20歳以上60歳未満の
□□　人であり、第1号被保険者、第2号被保険者、第3号被保険者に区分される。
よく出る

3 20歳以上の学生は、国民年金に加入する義務はない。
□□

4 国民年金の第3号被保険者とは、20歳以上60歳未満である第1号被保険
□□　者の被扶養配偶者である。

正解

健康保険に任意継続被保険者として加入できる期間は、最長で**2年間**です。資格喪失の前日まで継続して**2ヵ月**以上健康保険の被保険者であった人が、資格喪失から**20日**以内に申請をすることで、任意継続被保険者になることができます。

(1)

B

公的介護保険の被保険者は、①**65歳以上**の第1号被保険者、②**40歳以上65歳未満**の第2号被保険者に区分されます。第1号被保険者は、要支援・要介護の状態になったとき、その原因によらず給付を受けることができますが、第2号被保険者が給付を受けられるのは、老化に起因する疾病や末期ガンなどによって要支援・要介護になったときのみです。

(2)

B

雇用保険の基本手当は、原則として、**離職前の2年間に被保険者期間が通算で12ヵ月以上**ある場合に支給されます。

(2)

B

公的年金制度には、老齢給付、障害給付、遺族給付の3つの給付があります。老齢給付は、原則として、**65歳以上の受給権者**が給付を受けることができますが、障害給付と遺族給付には、65歳という年齢制限はありません。

✕

C

国民年金は、原則として国内に居住する**20歳以上60歳未満**の人が加入することになっています。国民年金の加入者は、会社員や公務員などの第2号被保険者、第2号被保険者の被扶養配偶者である第3号被保険者、自営業者を中心とする第1号被保険者に区分されます。

〇

B

20歳以上60歳未満の日本居住者は、すべて国民年金に**加入する義務**があります。学生であっても20歳になると国民年金に加入しなければなりません。ただし、学生の納付特例によって、20歳以上の学生で前年の所得が一定以下の人は、申請によって保険料の納付が猶予されます。

✕

C

国民年金の第3号被保険者とは、**第2号被保険者の被扶養配偶者**で、20歳以上60歳未満の者です。

✕

C

5 □□ 厚生年金の保険料は、標準報酬月額および標準賞与額に一定の保険料率を乗じて算出し、労使折半で負担する。

6 □□ 老齢基礎年金は、希望すれば60歳から繰上げ受給をすることができるが、繰上げ受給を行うと、減額された年金額が生涯続くことになる。 **よく出る**

7 □□ 特別支給の老齢厚生年金は、1961年4月2日以後に生まれた男性には支給されない。

8 □□ 公的年金の給付のうち、老齢給付は雑所得として所得税の課税の対象となるが、障害給付・遺族給付は非課税となっている。

9 □□ 障害基礎年金には、障害等級1級と2級があり、障害等級1級の支給額は障害等級2級の支給額の1.5倍である。 **よく出る**

10 □□ 障害厚生年金の支給額の計算において、厚生年金に加入している人が障害等級1級、2級、3級の状態になった場合、被保険者期間が300月に満たない場合、被保険者期間を300月として計算する。 **よく出る**

11 □□ 遺族基礎年金は、子または子のある妻、子のある夫に支給される。

12 □□ 遺族厚生年金の額は、原則として、死亡した者の厚生年金保険の被保険者記録を基礎として計算した老齢厚生年金の報酬比例部分の額の2分の1相当額である。

厚生年金の保険料は、**標準報酬月額**および**標準賞与額**に一定の保険料率を乗じて算出します。2017年9月以降、一般の被保険者の保険料率は18.3%となっており、これを**使用者（会社等）と被保険者が半分ずつ負担**します。

正解 ◯ B

老齢基礎年金の繰上げ受給をした場合、繰上げ請求月から、1ヵ月当たり**0.5%ずつ減額**され、減額された年金額が生涯にわたって続くことになります。

◯ C

特別支給の老齢厚生年金の支給開始年齢は段階的に引き上げられており、男性では、原則として、**1961年4月2日以後生まれ**の場合は支給されません。

◯ B

老齢給付は、**公的年金等控除額**を控除した金額に課税され、一定額以下の場合、源泉徴収が行われて課税関係が終了します。障害給付と遺族給付は**非課税**です。

◯ C

障害基礎年金には障害等級1級と2級があります。障害等級2級の支給額は老齢基礎年金の満額と同じ額です。障害等級1級は、2級よりも障害の程度が重く、2級の支給額の**1.25倍**の支給額となります。

✕ B

障害厚生年金には、被保険者期間の最低保証があり、厚生年金に加入している人が障害の状態になり、被保険者期間が300月に満たない場合は、被保険者期間を**300月**として年金額を計算します。

> 遺族厚生年金も同様に、厚生年金に加入している人などが死亡した場合、被保険者期間が300月に満たなくても300月として計算します。

◯ B

遺族基礎年金の遺族の範囲は、「**子**」または「**子のある妻**」もしくは「**子のある夫**」です。この場合の「子」とは、18歳になって最初の3月末日までの子と、20歳未満の一定の障害状態にある子のことをいいます。

◯ C

遺族厚生年金の額は、原則として、死亡した者の厚生年金保険の被保険者記録を基礎とした老齢厚生年金の報酬比例部分の額の**4分の3**相当額です。

✕ B

13 国民年金の第1号被保険者は、原則として、日本国内に住所を有する（　　　）の人で、国民年金の第2号被保険者、第3号被保険者に該当しない人である。 **よく出る**

（1）20歳以上60歳未満

（2）40歳以上60歳未満

（3）20歳以上65歳未満

14 国民年金の第3号被保険者は第2号被保険者に扶養されている（　①　）の（　②　）のことである。

（1）① 60歳未満　　　　　② 妻

（2）① 20歳以上60歳未満　② 配偶者

（3）① 20歳以上65歳未満　② 配偶者

15 65歳到達時に老齢基礎年金の受給資格期間を満たしている者が、70歳到達日に老齢基礎年金の繰下げ支給の申出をした場合の老齢基礎年金の増額率は、（　　　）となる。 **よく出る**

（1）24％　（2）30％　（3）42％

16 60歳台前半に支給される特別支給の老齢厚生年金を受給するためには、厚生年金保険の被保険者期間が（　①　）以上あることが要件になる。また60歳台後半の老齢厚生年金を受給するためには厚生年金保険の被保険者期間が（　②　）以上あることが要件とされる。

（1）① 25年　② 1年

（2）① 10年　② 6ヵ月

（3）① 1年　② 1ヵ月

17 1959年4月2日から1961年4月1日までの間に生まれた男性の場合、特別支給の老齢厚生年金（報酬比例部分のみ）の支給開始年齢は、原則として、（　　　）である。

（1）63歳　（2）64歳　（3）65歳

国民年金に加入する義務のある期間は、**20歳から60歳に達するまで**の40年間です。自営業者、農業者、自由業者、無職の人、学生などが第1号被保険者に該当します。

(1)

C

> 国民年金の保険料を40年間納めると、満額の老齢基礎年金を受給できます。

会社員や公務員など、国民年金の第2号被保険者に扶養されている**20歳以上60歳未満**の**配偶者**は、第3号被保険者となります。妻の場合が多いですが、夫も要件を満たせば第3号被保険者になることができます。

(2)

B

老齢基礎年金を繰下げ受給した場合、1ヵ月繰り下げるごとに年金額が**0.7%**増額されます。65歳到達時に老齢基礎年金の受給資格期間を満たしている者が、70歳到達日に老齢基礎年金の繰下げ支給の申出をした場合、繰下げ期間は60ヵ月なので、老齢基礎年金の増額率は、0.7%×60ヵ月＝**42%**となります。

(3)

B

老齢基礎年金の受給資格を満たした上で、60歳台前半に支給される特別支給の老齢厚生年金を受給するためには、厚生年金保険の被保険者期間が**1年以上**あることが要件です。また、60歳台後半の老齢厚生年金を受給するためには厚生年金保険の被保険者期間が**1ヵ月以上**あることが要件となります。

(3)

A

1959年4月2日から1961年4月1日までの間に生まれた男性の場合、特別支給の老齢厚生年金（報酬比例部分のみ）の支給開始年齢は、原則として、**64歳**です。

(2)

A

18 障害基礎年金の年金額について、障害等級2級の年金額は（　①　）老齢基礎年金と同額であり、障害等級1級の年金額は障害等級2級の年金額の（　②　）倍になっている。

(1) ① 保険料納付済期間に応じた　② 0.75

(2) ① 満額の　　　　　　　　　② 1.25

(3) ① 満額の　　　　　　　　　② 1.5

19 厚生年金保険の被保険者が死亡した場合、遺族厚生年金の年金額は、原則として、死亡した被保険者の老齢厚生年金の報酬比例部分の額の（　①　）に相当する額であり、被保険者期間の月数が（　②　）月に満たない場合は、（　②　）月とする。 **よく出る**

(1) ① 2分の1　② 300

(2) ① 4分の3　② 300

(3) ① 4分の3　② 240

❼ 企業年金・個人年金等

一問一答問題

1 確定拠出年金（企業型年金）の掛金については、全額事業主が負担するが、規約で定めれば、従業員が上乗せ拠出することも可能である。

2 国民年金基金は、第1号被保険者の老齢基礎年金の上乗せ給付の制度であるが、掛金には上限が定められている。 **よく出る**

三肢択一問題

3 確定拠出年金の企業型年金において、マッチング拠出により加入者が拠出した掛金は、その（　①　）が（　②　）として所得控除の対象となる。

(1) ① 2分の1相当額　② 社会保険料控除

(2) ① 全額　　　　　　② 社会保険料控除

(3) ① 全額　　　　　　② 小規模企業共済等掛金控除

障害等級２級の場合の障害基礎年金の年金額は、**老齢基礎年金の満額**と同額です。障害等級１級の場合は、障害等級２級の年金額の**1.25倍**と決められています。

障害基礎年金には「子の加算」が、障害厚生年金には「配偶者の加算」があります。

(2)

B

遺族厚生年金の額は、原則として、死亡した被保険者または被保険者であった者の厚生年金保険の被保険者記録を基に計算した老齢厚生年金の報酬比例部分の額の**4分の3**に相当する額です。死亡時に被保険者であった人で、被保険者期間の月数が300月に満たない場合は**300月**として計算する最低保証があります。

(2)

B

企業型年金の掛金は、原則として、全額事業主が拠出しますが、従業員が上乗せして拠出することも可能です。これを、**マッチング拠出**といいます。なお、転職の際、転職先にこの制度があれば、年金資産を移すことができます。

○

A

国民年金基金の掛金は、確定拠出年金の個人型年金（iDeCo）と合わせて、**月額68,000円**が上限と定められています。

○

B

確定拠出年金の企業型年金において、マッチング拠出により加入者が拠出した掛金は、その**全額**が**小規模企業共済等掛金控除**として所得控除の対象となります。

(3)

B

4 確定拠出年金には企業型と個人型があるが、企業型の加入者となるのは、原則として、確定拠出年金制度を導入している企業の（　　　）の従業員である。

（1）55歳未満

（2）60歳未満

（3）65歳未満

5 確定拠出年金において、一定年齢に達した場合の老齢給付金を年金で受け取る場合は（　①　）として課税され、退職時に一時金で受け取る場合は（　②　）として課税される。

（1）① 退職所得　② 退職所得

（2）① 雑所得　　② 退職所得

（3）① 雑所得　　② 一時所得

6 国民年金基金は、国民年金の（　①　）被保険者への上乗せ給付の制度であり、掛金は月額（　②　）円が限度となっている。　**よく出る**

（1）① 第1号　② 68,000

（2）① 第2号　② 55,000

（3）① 第3号　② 68,000

❽ ローンとカード

三肢択一問題

1 （　　　）は、現金、小切手等の物理的媒体をベースにした従来の決済手段が果たしてきた機能を電子的に代替しようとする新しい決済手段である。

（1）クレジットカード　（2）デビットカード　（3）電子マネー

確定拠出年金の企業型年金で掛金拠出対象である加入者となるのは、原則として、企業の**60歳未満**の従業員（国民年金第2号被保険者）です。なお、60歳までと同じ企業で継続して働く従業員は、企業型年金規約に定めがあれば、最長65歳に達するまで加入することができます。

(2)

B

確定拠出年金の老齢給付金を年金で受け取る場合には、**雑所得**の対象となり公的年金等控除が適用されます。また、一時金で受け取る場合は**退職所得**として課税されます。

(2)

C

国民年金基金は、老齢基礎年金に上乗せして給付される年金制度で、60歳未満の**第1号**被保険者が加入できます。掛金は確定拠出年金の個人型と合わせて月額**68,000円**が上限となっています。

(1)

B

国民年金基金や付加年金、確定拠出年金の個人型年金など第1号被保険者のための年金制度を押さえましょう。

電子マネーとは、一定の金額データをカード等に移し、その範囲内であればいつでも使える、いわば多機能化したプリペイドカードです。なお、クレジットカードは、あらかじめカード会社と契約することによりカード会社が店舗への支払いを代行し、利用者は後でカード会社に支払いを行うものです。また、デビットカードは預金口座に紐づいたカードで、決済するとすぐに口座から引き落とされます。

(3)

C

実技試験対策

しっかりと設例を読んで解答しましょう。

協会｜資産 は日本 FP 協会の資産設計提案業務に、金財｜個人 は金財の個人資産相談業務に対応した問題を示しています。

第1問 次の各問（ 1 〜 3 ）に答えなさい。

協会｜資産

1 下記の西川家の〈キャッシュフロー表〉の空欄（ア）にあてはまる数値を求める算式として、正しいものはどれか。 **よく出る**

〈キャッシュフロー表〉 (単位：万円)

経過年数			現在	1 年後	2 年後
西暦 （年）			2021	2022	2023
家族・年齢	西川　博	夫	39歳	40歳	41歳
	恵子	妻	36歳	37歳	38歳
	雄一	長男	12歳	13歳	14歳
	優佳	長女	10歳	11歳	12歳
ライフイベント		(変動率)	住宅取得		
収入	給与収入(夫)	1 %	600	606	612
	給与収入(妻)		100	100	100
	収入合計		700	706	712
支出	基本生活費	1 %	330	333	337
	住宅関連費	1 %	120	121	122
	教育費		50	30	30
	保険料		20	20	20
	その他支出	1 %	10	10	10
	一時的支出	1 %	1,000		
	支出合計	－	1,530	514	519
年間収支		－	▲830		
貯蓄残高		1 %	370	（ ア ）	

※年齢および貯蓄残高は各年12月31日現在のものとする。
※給与収入は、可処分所得で記載している。
※問題作成の都合上、一部空欄にしてある。
※記載されている数値は正しいものとする。

（1）370 + 706 − 514

（2）370 × (1 + 0.01) + 706 − 514

（3）(370 + 706 − 514) × (1 + 0.01)

---

2 北見さんは、5年後に住宅購入を予定しており、購入資金のうち1,200万円を現金で準備したいと考えている。毎年、年利1％で複利運用するとした場合、現在必要な金額を求める算式として正しいものはどれか。なお、計算に当たっては、下記の〈資料・係数早見表〉を使用することとする。

よく出る

〈資料・係数早見表（年利1％・期間5年間)〉

現価係数	減債基金係数	年金終価係数
0.951	0.196	5.101

（1）1,200万円 × 0.951

（2）1,200万円 × 0.196

（3）1,200万円 × 5.101

3　下記の〈保有資産（時価）〉と〈借入金（銀行ローン）〉を基に、佐藤さん
夫妻の個人バランスシートを作成した場合、表の空欄（ア）にあてはまる
金額として正しいものはどれか。 **よく出る**

〈保有資産（時価）〉
・夫（佐藤茂一さん）名義
　　銀行預金　　　　　　　：　1,700万円
　　上場株式　　　　　　　：　　800万円
　　不動産（自宅敷地）　　：　3,500万円
　　不動産（自宅家屋）　　：　1,500万円
　　生命保険（解約返戻金）：　　500万円
・妻（佐藤幸恵さん）名義
　　銀行預金　　　　　　　：　　500万円
〈借入金（銀行ローン）〉
・住宅ローン　　　　　　　：　1,000万円

（単位：万円）

【資産】		【負債】	
金融資産		住宅ローン	××××
銀行預金	××××		
上場株式	××××		
生命保険	××××	（負債合計）	××××
不動産	××××	【純資産】	（ア）
資産合計	××××	負債・純資産合計	××××

（1）7,000万円

（2）7,500万円

（3）8,500万円

第1問の解答と解説

1　正解（2）　B

キャッシュフロー表の貯蓄残高は、以下の算式で計算することができます。

貯蓄残高 ＝ 前年の貯蓄残高 × 変動率 ± 当年の年間収支

設問のキャッシュフロー表は、前年の貯蓄残高は370万円、変動率は1.0％、当年の年間収支（収入合計－支出合計）は706万円－514万円なので、2021年の貯蓄残高は、

370万円 ×（1＋0.01）＋（706万円－514万円）

で求めることができます。

2　正解（1）　B

一定の期間が経過した後に一定の金額を得るために現在いくらの元本が必要かを求める場合には**現価係数**を用います。

〈資料・係数早見表〉より、年利1％・5年の現価係数は、0.951なので、**1,200万円×0.951**が正解となります。

3　正解（2）　A

佐藤さん夫妻の個人バランスシートは、次のようになります。個人バランスシートの純資産額は、資産合計から負債合計を引いた金額になります。

（単位：万円）

【資産】		【負債】	
金融資産		住宅ローン	1,000
銀行預金	2,200		
上場株式	800		
生命保険	500	（負債合計）	1,000
不動産	5,000	【純資産】	7,500
資産合計	8,500	負債・純資産合計	8,500

個人バランスシートに記載する金額は、家族の保有資産は名義に係わらず合計して記載します。生命保険は**解約返戻金相当額**を用います。

次の設例に基づいて、下記の各問（ 4 ～ 6 ）に答えなさい。

協会｜資産 金財｜個人

設例

Aさん（35歳）は、年収600万円の会社員である。家族は妻と子供2人で、現在賃貸アパートに住んでいるが、住宅を取得したいと考えている。子供の教育資金を含め、住宅取得資金についてアドバイスを受けるため、FPを訪れた。

4 フラット35に関する次の記述のうち、**最も適切なもの**はどれか。

（1）融資に当たって保証人、保証料は不要である。

（2）融資金利は全期間固定金利のみとなる。

（3）融資の対象は、住宅建設、新築住宅の購入となっており、中古住宅の購入には利用できない。

5 住宅ローンの返済計画に関する次の記述のうち、**最も不適切なもの**はどれか。

（1）Aさんが返済方法として元利均等返済を選択した場合、当初は利息の支払いが多いが、支払額が毎月一定なので返済計画が立てやすいといえる。

（2）Aさんが返済方法として元金均等返済を選択した場合、元利均等返済に比べて、当初の返済額は多くなるが総支払額は少なくなる。

（3）Aさんの年齢や昨今の金利動向などから考えると、どのような返済期間を選択するかはさほど重要ではない。

6 教育資金に関する次の記述のうち、**最も不適切なもの**はどれか。 よく出る

（1）国の教育ローンのうち、教育一般貸付の融資限度額は、一定の要件のもと、学生1人につき350万円が上限となっている。

（2）独立行政法人日本学生支援機構の奨学金（貸付型）のうち、第二種奨学金は有利息となっており、返済時に元本および利息の支払いを要する。

（3）教育費は、必要となる時期が確定しており、計画が立てやすく長期の積立てが可能であるので、Aさんは、こども保険や学資保険のほかに、投資信託等を利用して教育費を準備することも選択肢の1つである。

第2問の解答と解説

4 正解（1） C

（1）適切。フラット35の融資に当たって、**保証人および保証料は不要**です。また、フラット35では、住宅ローンの繰上げ返済をする場合、手数料が無料というメリットがあります。

（2）不適切。フラット35の融資金利は、**全期間固定金利または段階金利**です。

（3）不適切。住宅建設、新築住宅の購入だけでなく、**中古住宅を購入**する際も、フラット35を利用することができます。

5 正解（3） C

（1）適切。**元利均等返済**は、当初は利息部分の支払いが大部分となりますが、**毎月一定額の支払い**なので返済計画は立てやすいというメリットがあります。同じ借入額なら当初の毎月返済額は元金均等返済より少なくなります。

（2）適切。元金均等返済は、毎回の元金部分の返済額が同じであり、借入額が同じであれば、当初の毎月返済額は元利均等返済より多くなりますが、**総支払額は少なく**なります。

（3）不適切。低金利であっても、借入が継続している間は利息が発生するため、返済期間を短くするほうが、メリットがあります。

6 正解（1） B

（1）不適切。教育一般貸付の融資限度額は、2020年度から自宅外通学や修業年限5年以上の大学、大学院、海外留学の場合など、一定の要件を満たすことで、**学生1人につき450万円までに**拡充されています。

（2）適切。独立行政法人日本学生支援機構の奨学金（貸付型）のうち、**第二種奨学金は有利息**です。奨学金は、入学金や授業料などの学校納付金のほか、住居費用、教科書代、通学定期券代等にも利用できます。

（3）適切。昨今の貯蓄商品の利回りが低いので、長期運用が可能な教育資金の場合、ベースの資金が確保できているという前提で、資金の一部をリスクが低い投資信託等を利用して準備することも選択肢の1つとして考えられます。

次の設例に基づいて、下記の各問（ 7 〜 9 ）に答えなさい。

協会│資産 金財│個人

設例

　Bさんは、今年9月で60歳になり、35年勤続した会社を定年退職する予定である。そこで、退職金や老後の資金の運用方法、老後の健康についての不安等について FP に相談することにした。

7 Bさんの貯蓄や退職金の運用のアドバイスとして、次のうち最も不適切なものはどれか。

（1）Bさん自身の支出予定に合わせた運用期間の商品と緊急時にいつでも引き出せる商品を組み合わせて運用することが望ましい。
（2）Bさんの場合、退職後は多くの収入が望めないので、多少のリスクを負ってでも、できるだけ収益性の高い商品で多くの金額を運用するべきである。
（3）立案した運用計画によって資金運用を開始した後も、Bさん自身の今後の状況の変化に応じ、運用計画を修正する必要がある。

8 健康保険の任意継続被保険者制度に関する次の記述のうち、最も不適切なものはどれか。 よく出る

（1）資格喪失日の前日まで、継続して2ヵ月以上健康保険の被保険者であることが要件である。
（2）加入できる期間は、最長で3年間である。
（3）保険料は全額自己負担となる。

9 公的介護保険に関する次の記述のうち、最も適切なものはどれか。

（1）Bさんは、公的介護保険の第1号被保険者となる。
（2）原則として、介護サービス費用の1割が自己負担となるが、食費や部屋代は利用者の負担となる。
（3）要介護認定は身体状態により、要支援と要介護1〜5の6段階に分けて認定される。

7 **正解（2）** **C**

（1）適切。老後の資産設計を考える際は、支出予定に合わせた運用に加えて、不意の出費に備えて**緊急時に使える資金を確保しておく**必要があります。

（2）不適切。退職後の生活資金は、今後多くの収入が望めず損失のカバーが難しいことから、できるだけリスクを抑えた**安全性の高い商品**で運用することが必要です。

（3）適切。経済社会環境の変化とＢさん自身の状況の変化に応じて、随時、**資金運用計画の見直しをする**ことが必要です。

8 **正解（2）** **B**

（1）適切。任意継続被保険者となるためには、資格喪失日の前日まで継続して**2ヵ月以上**、健康保険の被保険者であることが必要です。

（2）不適切。任意継続被保険者として加入できる期間は、**最長で2年間**です。

（3）適切。健康保険の保険料は、労使折半ですが、任意継続被保険者の保険料は、**全額自己負担**となります。

9 **正解（2）** **B**

（1）不適切。介護保険の被保険者は、**65歳以上の第1号被保険者**と、**40歳以上65歳未満の第2号被保険者**に分けられます。Ｂさんは65歳未満なので、第2号被保険者となります。

（2）適切。公的介護保険では、原則として、介護サービス費用の**1割が自己負担**ですが、食費や部屋代については利用者の負担となります。なお、ケアプランの作成費用については利用者の負担はありません。

（3）不適切。要介護認定は、身体の状態により、**要支援1～2と要介護1～5の7段階**に分けて認定されます。

次の設例に基づいて、下記の各問（ 10 ～ 12 ）に答えなさい。

協会｜資産　金財｜個人

設例

　Cさんは2021年3月で63歳になり、自動車メーカーを退職することになった。公的年金についてのアドバイスを受けるためFPを訪ねた。

　Cさん夫妻の生年月日、年金加入歴は以下のとおりである。なお長女と長男はともに成人してすでに独立している。

	生年月日	年金加入歴
Cさん	1958年3月14日	厚生年金保険39年8ヵ月
Cさんの妻	1960年3月9日	厚生年金保険6年 国民年金34年

10 老齢厚生年金の受給に関する以下の記述の空欄に入る数字の組合せとして、次のうち最も適切なものはどれか。

　Cさんは（　①　）歳から、Cさんの妻は（　②　）歳から、特別支給の老齢厚生年金（60歳台前半の老齢厚生年金）を受け取ることができる。

（1）①61　②63
（2）①63　②61
（3）①63　②65

11 Cさんは定年退職後の生活を考え、老齢基礎年金の繰上げ支給の請求を検討している。FPのCさんに対するアドバイスのうち、最も不適切なものはどれか。

（1）Cさんが老齢基礎年金の繰上げ支給の請求をした場合、繰り上げた月数に応じた減額が一生続くことになる。
（2）Cさんが老齢基礎年金の繰上げ支給の請求をした場合に適用される減額率は、この請求をした月から65歳到達月の前月までの月数に0.7％を乗じた値となる。
（3）Cさんが老齢基礎年金を満額受け取るためには、国民年金の任意加入被保険者として保険料を納付する方法がある。

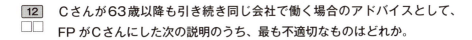

12 Cさんが63歳以降も引き続き同じ会社で働く場合のアドバイスとして、FP がCさんにした次の説明のうち、最も不適切なものはどれか。

（1）65歳までは、総報酬月額相当額と基本月額との合計額が28万円以下であれば、老齢厚生年金は減額されないと説明した。

（2）65歳から支給される老齢基礎年金については、その時点で働き続けていたとしても、減額されることはないと説明した。

（3）65歳以降は、収入に係わらず老齢厚生年金が減額されることはないと説明した。

1 ライフプランニングと資金計画

実技

10　正解（2）　A

　特別支給の老齢厚生年金は、厚生年金保険の被保険者期間が１年以上あれば受給することができ、支給開始年齢が段階的に引き上げられています。Ｃさんは1958年３月生まれなので、63歳から受給することができます。

　また、女性は男性より５年遅れで支給開始年齢が引き上げられており、Ｃさんの妻は1960年３月生まれなので、61歳から受給することができます。

11　正解（2）　B

（1）適切。繰上げ支給の請求を行うと、繰上げ月数に応じた減額が一生続き、65歳以降もその減額された額が支給されます。一度繰上げ支給を請求すると、取消しや変更はできません。

（2）不適切。繰上げ支給の請求による減額率は、１ヵ月繰り上げるごとに0.5％です。

（3）適切。国民年金は、原則として、60歳に達するまでが加入期間ですが、60歳到達時点で老齢基礎年金の受給額が満額に達しない場合などは、65歳まで任意加入制度を利用することができます。Ｃさんの場合、第２号被保険者として国民年金に加入した期間が39年８ヵ月なので、加入期間が40年となるまで任意加入することが可能です。

12　正解（3）　A

（1）適切。Ｃさんが退職後も同じ会社で働く場合、在職老齢年金の対象となりますが、65歳未満では、「総報酬月額相当額と年金の基本月額を合算した額」が、28万円以下なら、年金額は減額されません。

（2）適切。65歳からの在職老齢年金の制度は、老齢厚生年金だけが減額の対象となり、老齢基礎年金については適用されないため、Ｃさんの老齢基礎年金が減額されることはありません。

（3）不適切。65歳以上の人にも在職老齢年金の制度が適用され、総報酬月額相当額と年金の基本月額を合算した額が、47万円以上あれば、老齢厚生年金が減額されます。

第5問 次の設例に基づいて、下記の各問（ 13 ～ 15 ）に答えなさい。

協会｜資産　金財｜個人

設例

　Dさん（36歳）は、自動車修理業を営んでいる。Dさんは、妻（34歳）、長男（9歳）、長女（6歳）の4人家族である。

　Dさんは、自分に万一のことがあった場合のことを考えて、国民年金の障害基礎年金と遺族基礎年金についてFPに相談することにした。

13 障害基礎年金の保険料納付要件に関する次の記述のうち、最も不適切なものはどれか。

（1）国民年金の保険料を滞納した期間が、納付しなければならない期間の3分の1未満であること。

（2）初診日の属する月の前々月までの1年間に保険料の滞納期間がないこと。

（3）障害基礎年金の保険料納付要件は、保険料納付済期間のみを対象とし、保険料免除期間は対象とならないこと。

14 障害基礎年金の受給に関する次の記述のうち、最も適切なものはどれか。

（1）障害基礎年金1級の場合は、配偶者に対して加給年金額が加算される。

（2）障害基礎年金の子の加算は、1級、2級のいずれも支給される。

（3）障害基礎年金1級の支給額は、2級の1.5倍の額となる。

15 遺族基礎年金の支給要件に関する次の記述のうち、最も不適切なものはどれか。 よく出る

（1）遺族基礎年金の額は、老齢基礎年金の満額に子の加算を足した額である。

（2）遺族基礎年金の受給権者は、死亡した者によって生計を維持されていた「子のある妻」、「子のある夫」または「子」である。

（3）被保険者期間が300月に満たない場合は、国民年金に300月加入したものとみなして遺族基礎年金の額を計算する。

13 正解（**3**） **B**

（1）適切。国民年金の保険料納付済期間と保険料免除期間が、初診日の属する月の前々月までの、保険料を納付しなければならない期間の**3分の2以上**あることが、障害基礎年金の保険料納付要件となります。

（2）適切。2026年3月までは特例として、初診日において65歳未満の者に限り、選択肢（1）の要件を満たさなくとも、初診日の属する月の前々月までの**1年間の保険料に滞納がなければ**、障害基礎年金を受給することができます。

（3）不適切。障害基礎年金の保険料納付要件は、保険料納付済期間だけでなく、保険料免除期間も受給資格期間に算入することができます。

14 正解（**2**） **B**

（1）不適切。妻に対して**加給年金額**が加算されるのは、**障害厚生年金の1級、2級**に該当した場合であり、障害基礎年金には配偶者の加算はありません。

（2）適切。**障害基礎年金**には、1級、2級とも子の加算があり、2人目までの子については1人につき年額224,700円、3人目以降の子については1人につき74,900円が支給されます。

（3）不適切。障害基礎年金1級の支給額は、2級の**1.25倍**の額となります。

15 正解（**3**） **B**

（1）適切。遺族基礎年金の額は、**老齢基礎年金の満額に子の加算を足した額**です。

（2）適切。遺族基礎年金を受け取れる遺族は、「**子のある妻**」、「**子のある夫**」または「**子**」です。なお、「**子**」とは、18歳に達する日以後の最初の3月31日までにあるか、障害等級1級、2級に該当する20歳未満の子（いずれも婚姻していない子）をいいます。

（3）不適切。遺族基礎年金は、被保険者期間に係わらず、**子の人数に応じた定額の年金**が支給されます。遺族厚生年金には、被保険者期間が300月に満たない場合、300月とみなして計算する最低保証があります。

第6問 次の設例に基づいて、下記の各問（ 16 ～ 20 ）に答えなさい。

協会｜資産

設例

　会社員の神谷俊一さんは、今後の生活設計について考えようと思い、妻の真由美さんとともに、FPで税理士でもある飯田さんに相談をした。なお、下記のデータはいずれも2021年1月1日現在のものである。

〈家族構成〉

氏名	続柄	生年月日	年齢	職業
神谷　俊一	本人	1981年 3月10日	39歳	会社員
真由美	妻	1983年 4月29日	37歳	専業主婦
亜美	長女	2011年10月14日	9歳	小学生
修斗	長男	2015年 9月11日	5歳	幼稚園生

〈保有資産（時価）〉

・金融資産

普通預金	：	200万円
定期預金	：	300万円
投資信託	：	40万円（購入価格）
	：	50万円（時価）

・生命保険　　　　　　　　：　　　200万円（払込保険料総額）

　　　　　　　　　　　　　：　　　100万円（解約返戻金相当額）

・不動産（自宅マンション）：　2,500万円（購入価格）

　　　　　　　　　　　　　：　2,000万円（時価）

〈負債残高〉

・住宅ローン（自宅）：1,600万円（債務者は俊一さん、団体信用生命保険付）

16 FP の飯田さんは、神谷家の2021年1月1日時点の個人バランスシートを作成した。下記の表の空欄（ア）にあてはまる金額として正しいものはどれか。なお、〈設例〉に記載のあるデータに基づいて解答することとする。 **よく出る**

(単位：万円)

【資産】		【負債】	
金融資産		住宅ローン	××××
普通預金	××××		
定期預金	××××	（負債合計）	××××
投資信託	××××		
生命保険	××××	【純資産】	（　ア　）
不動産（自宅マンション）	××××		
資産合計	××××	負債・純資産合計	××××

（1）1,050万円

（2）1,150万円

（3）2,600万円

17 俊一さんは、5年後に200万円の自家用車を購入したいと考えている。年利1％で複利運用しながら5年間で均等に積立貯蓄をした場合、毎年積み立てる金額として、正しいものはどれか。なお、下記〈資料・係数早見表〉の3つの係数のなかから最も適切な係数を選択して計算し、解答に当たっては、万円未満を四捨五入すること。また、税金や記載のない事項については一切考慮しないこととする。 **よく出る**

〈資料・係数早見表（期間5年間・年利1.0％）〉

現価係数	減債基金係数	資本回収係数
0.95147	0.19604	0.20604

（1）39万円

（2）41万円

（3）190万円

18 俊一さんの公的年金加入歴は下記のとおりである。仮に、俊一さんが現時点（39歳）で死亡した場合、俊一さんの死亡時点において妻の真由美さんに支給される公的年金の遺族給付に関する次の記述のうち、最も適切なものはどれか。なお、俊一さんは、入社時（22歳で入社）から死亡時まで厚生年金保険に加入しているものとし、遺族給付における生計維持要件は満たされているものとする。

国民年金 （学生納付特例による 保険料免除）	厚生年金保険

20歳 　　　　　　　　　 22歳 　　　　　　　　　　　　　　　　　 39歳

（1）遺族厚生年金が支給され、中高齢寡婦加算が加算される。

（2）遺族厚生年金と死亡一時金が支給される。

（3）遺族基礎年金と遺族厚生年金が支給される。

19 俊一さんは、通常65歳から支給される老齢基礎年金を繰り下げて受給できることを知り、FP に質問した。老齢基礎年金の繰下げ受給に関する次の記述のうち、最も適切なものはどれか。なお、老齢基礎年金の支給要件は満たしているものとする。 よく出る

（1）老齢基礎年金を繰下げ受給した場合の年金額は、繰下げ月数1月当たり0.5％の割合で増額される。

（2）老齢基礎年金を繰下げ受給した場合の年金額は、増額された金額を一生涯、受給することができる。

（3）老齢基礎年金を繰下げ受給した場合、老齢厚生年金も同時に繰下げ受給する必要がある。

20 俊一さんは、2021年9月に病気の治療のため入院し、治療費を支払った。俊一さんの2021年9月の医療費の自己負担分が9万円であった場合（健康保険適用除外分はない）、健康保険の高額療養費制度により払戻しを受けることができる金額として、正しいものはどれか。なお、俊一さんの標準報酬月額は「34万円」である。また、入院の際に健康保険限度額認定証は提示していない。

〈1ヵ月当たりの医療費の自己負担限度額の計算式（一部抜粋）〉

標準報酬月額	自己負担限度額
28万円～50万円	80,100円＋（医療費－267,000円）×1%

※多数回該当および世帯合算については考慮しない。

（1）9,570円

（2）78,330円

（3）80,430円

第6問の解答と解説

16 　正解（1）　B

　個人バランスシートを作成する際には、**資産は時価**で記入し、**保険は解約返戻金相当額を記入**します。神谷家の2021年1月1日現在の個人バランスシートは、以下のようになります。

（単位：万円）

【資産】		【負債】	
金融資産		住宅ローン	1,600
普通預金	200		
定期預金	300	（負債合計）	1,600
投資信託	50		
生命保険(解約返戻金相当額)	100	【純資産】	1,050
不動産（自宅マンション）	2,000		
資産合計	2,650	負債・純資産合計	2,650

　したがって、純資産の額は1,050万円となります。

17 　正解（1）　B

　必要な金額を準備するために、年利1％で複利運用しながら5年間で積み立てをする場合の毎年の積立額を求めるには、**減債基金係数**を用います。

　　200万円 × 0.19604（1％・5年）＝ 392,080円 → 39万円

> 減債基金係数は、一定期間後に必要な金額を準備するために、毎年いくら積立てをすればいいかを求める係数です。

正解（3） **B**

（1）不適切。俊一さんが厚生年金保険加入中に死亡すると、真由美さんには**遺族厚生年金**が支給されます。**中高齢寡婦加算**は長男の修斗さんが18歳になった最初の3月31日を経過した翌月の4月から支給されることになります。

（2）不適切。死亡一時金は、**遺族基礎年金が受給できない場合**に、要件を満たす遺族に支給される年金です。真由美さんには遺族基礎年金が支給されるため、死亡一時金は支給されません。

（3）適切。厚生年金保険に加入している俊一さんが死亡したことで、真由美さんに遺族厚生年金が支給されますが、**18歳未満の子**がいるため、**遺族基礎年金**も支給されます。

19 **正解（2）** **B**

（1）不適切。老齢基礎年金を繰下げ受給した場合の年金額は、繰下げ月数1月当たり**0.7％**の割合で増額されます。

（2）適切。老齢基礎年金を繰下げ受給した場合の増額された年金額は、一生涯、増額された額で受給することができます。

（3）不適切。老齢基礎年金と老齢厚生年金は、同時に繰下げ受給する必要はなく、**どちらか片方のみ繰下げ受給をする**こともできます。

20 **正解（1）** **A**

　俊一さんの医療費の自己負担額が9万円であるため、医療費総額は30万円となります。

　　9万円 ÷ 0.3 = 30万円（70歳未満は3割負担）

　標準報酬月額が34万円の場合の「医療費の自己負担限度額」は、以下のようになります。

　　80,100円 ＋（医療費 − 267,000円）× 1％

　　　= 80,100円 ＋（300,000円 − 267,000円）× 1％

　　　= 80,430円

　したがって、俊一さんは、**高額療養費**として90,000円 − 80,430円 = 9,570円の払戻しを受けることができます。

第7問 次の設例に基づいて、次の各問（ 21 ～ 23 ）に答えなさい。

金財｜個人

設例

個人事業主であるEさん（52歳）は、妻Fさん（54歳）と2人暮らしである。Eさんは、これまで国民年金のみに加入しているが、最近、年金収入で老後資金をまかなえるか心配になっている。そこで、Eさんは、ファイナンシャル・プランナーのMさんに相談することにした。

〈Eさんに関する資料〉

Eさん（個人事業主）

・1968年12月15日生まれ

・公的年金の加入歴は下記のとおりである（今後の見込みを含む）

20歳	48歳	53歳	60歳
国民年金			
保険料納付済期間	保険料全額免除期間	保険料納付予定期間	
324月	60月	96月	

2016年12月　　2021年12月

※上記以外の条件は考慮せず、各問に従うこと。

21 Mさんが E さんに説明した国民年金の制度に関する以下の文章について、空欄①～③に入る数値の組合せとして、次のうち最も適切なものはどれか。

よく出る

老齢基礎年金を受給するためには、原則として、（　①　）年間の受給資格期間が必要です。Eさんの場合、受給資格期間には保険料納付済期間と保険料免除期間を含めることができます。

Eさんの老後の年金収入を増やすために、所定の手続きにより、国民年金の定額保険料に加えて、月額（　②　）円の付加保険料を納付することが考えられます。付加保険料を納付することで、「（　③　）円×付加保険料納付月数」で計算した額の付加年金を受給することができます。

（1）①10　②400　③200

（2）①10　②200　③400

（3）①25　②200　③400

22 Mさんは、Eさんが65歳から受給できる老齢基礎年金の額を試算した。Mさんが試算した老齢基礎年金の年金額の計算式として、次のうち最も適切なものはどれか。なお、老齢基礎年金の年金額は、2021年度価額に基づいて計算するものとする。 **よく出る**

(1) $780,900円 \times \dfrac{420月}{480月}$

(2) $780,900円 \times \dfrac{420月 + 60月 \times \frac{1}{2}}{480月}$

(3) $780,900円 \times \dfrac{420月 + 60月 \times \frac{1}{3}}{480月}$

23 Mさんは、老後の年金を増やす方法について説明した。Mさんが、Eさんに説明した次の記述のうち、最も不適切なものはどれか。

(1)「国民年金基金は、国民年金の第1号被保険者が加入することができる老齢基礎年金の上乗せの制度です。仮に、Eさんが国民年金基金に加入した場合、国民年金の付加保険料は納付することができません」

(2)「老後の年金収入を増やすために、Eさんは確定拠出年金の個人型年金に加入することができます。Eさんは国民年金の第1号被保険者なので、Eさんが拠出できる1年間の掛金の上限は、国民年金基金の掛金と合算して816,000円です」

(3)「小規模企業共済制度は、小規模企業の事業主や役員が廃業した場合などの資金を準備するための制度です。毎月の掛金は、社会保険料控除の対象となるため、節税対策にも有効です」

第7問の解答と解説

21 正解（1） B

老齢基礎年金を受給するためには、原則として、①**10年間**の受給資格期間が必要です。受給資格期間は、保険料納付済期間と保険料免除期間、合算対象期間を合計した期間ですが、Eさんの場合は、保険料納付済期間と保険料全額免除期間が対象となります。

Eさんは国民年金の第1号被保険者なので、国民年金の定額保険料に加えて、月額②**400円**の付加保険料を納付することができます。これによって、「③**200円** × 付加保険料納付月数」で計算した**付加年金**を受給することができます。

22 正解（2） A

Eさんは、保険料納付済期間と納付予定期間、全額免除期間を含めて、合計で480月の受給資格期間があるため、原則として、65歳から老齢基礎年金を受給することができます。2016年以降の保険料全額免除期間は、**国庫負担として2分の1**の割合だけ年金に反映することができるため、年金額の計算式は以下のようになります。

$$780{,}900円 \times \frac{420月 + 60月 \times \frac{1}{2}}{480月}$$

保険料免除期間等がある場合の支給額

$$満額の年金額 \times \frac{保険料納付済月数 + 全額免除月数 \times \frac{1}{2} + \frac{3}{4}免除月数 \times \frac{5}{8} + 半額免除月数 \times \frac{3}{4} + \frac{1}{4}免除月数 \times \frac{7}{8}}{480月（＝加入可能年数40年間 \times 12月）}$$

国民年金保険料の全額免除期間は、その月数の2分の1が支給額に反映されます！

正解（3） **B**

（1）適切。**国民年金基金**は、**国民年金の第1号被保険者**が、老齢基礎年金の上乗せの年金を受け取るための制度です。**国民年金基金と付加年金は同時に加入することができません。**

（2）適切。国民年金の第1号被保険者は、確定拠出年金の個人型年金に加入することができます。個人型年金は、国民年金基金と同時に加入することができますが、**年間の掛金の上限**は、国民年金基金の掛金と合わせて**816,000円**です。

（3）不適切。小規模企業共済制度の掛金は、小規模企業共済等掛金控除として所得控除の対象となります。

第2章

リスク管理

ココが出る!

重要ポイント

学科	・代表的な生命保険、個人年金保険、損害保険の商品性を押さえましょう。
	・生命保険料の仕組み、保険契約者保護機構に関する問題も頻出です。
	・損害保険では、地震保険、自動車保険、傷害保険、賠償責任保険の基本的な補償を覚えましょう。
実技	・資産設計提案業務では、保険証券の読み取り(定期保険特約付終身保険、医療保険、自動車保険など)が毎回出題されます。
	・リスク管理は、個人資産相談業務では出題されません。

▶過去5回分の出題傾向

	学科	実技	
	共通	資産	個人
生命保険の仕組み	A		
保険契約者の保護	C		
生命保険	A	A	
個人年金保険	C		
医療保険・医療特約	B	B	
損害保険	A	A	
保険の税金	B	A	

※「資産」は日本FP協会の資産設計提案業務、「個人」は金財の個人資産相談業務を示しています。

Aは必修、
Bはよく出る、
Cはたまに出る
テーマだよ!

次の各文章について、一問一答問題では適切なものに○を、不適切なものに ×を付けましょう。また、三肢択一問題では（　　）内にあてはまる最も適切 な文章、語句、数字またはそれらの組合せを(1)～(3)のなかから選びましょう。

❶ 保険制度全般

一問一答問題

1 国内銀行の窓口で加入した生命保険契約については、生命保険契約者保護 機構による補償の対象とならない。

2 ソルベンシー・マージン比率とは、保険会社の保険金の支払い余力を表す 指標で、ソルベンシー・マージン比率が200％以上であれば、通常の予測 を超えるリスクに対する保険金等の支払い余力が十分にあるとされる。

三肢択一問題

3 生命保険契約者保護機構は、生命保険会社が破綻した場合、破綻時点にお ける補償対象契約の（　　）の90％（高予定利率契約を除く）まで補 償する。
（1）死亡保険金額　（2）責任準備金等　（3）既払込保険料相当額

4 損害保険契約者保護機構は保険会社が破綻した場合の契約者保護のための 組織で、自賠責保険の保険金は（　①　）、自動車保険の保険金は、破綻 後3ヵ月以内は（　②　）補償される。
（1）① 100％　② 80％
（2）① 80％　② 80％
（3）① 100％　② 100％

5 ソルベンシー・マージン比率とは、保険会社の支払い余力を示した指標の 1つであり、（　　）以上が健全性の目安とされている。
（1）100％　（2）200％　（3）300％

● 問題の難易度について、**A**は難しい、**B**は普通、**C**は易しいことを示しています。

	正解

生命保険契約者保護機構は外資系の生命保険会社を含め、国内で営業する保険会社のすべてが**強制加入**となっており、国内銀行の窓口で契約した生命保険契約も対象となります。

× **C**

ソルベンシー・マージン比率とは、保険会社の保険金の支払い余力を表す指標で、ソルベンシー・マージン比率が高いほど、保険会社の安全性が高く、**200％以上**あれば、通常の予測を超えるリスクに対する保険金の支払い余力が十分であると判断されます。

○ **C**

> ソルベンシー・マージン比率が200％未満になると、金融庁による早期是正措置の対象となります。

生命保険会社が破綻したときには、生命保険契約者保護機構により、破綻時点における補償対象契約の**責任準備金等**の90％までが補償されます。責任準備金とは、将来の保険金や給付金の支払いに備えて、保険会社が積み立てているものです。

(2) **C**

損害保険契約者保護機構による保険金の補償については、自賠責保険は**100％**、自動車保険は破綻後３ヵ月以内が**100％**、３ヵ月を超えた場合が80％となっています。

(3) **B**

ソルベンシー・マージン比率は、個々の保険会社の支払い余力を示す指標であり、**200％以上**が健全性を維持する目安となっています。

(2) **C**

❷ 生命保険

1 ☐☐ 生命保険の保険料のうち、保険会社が契約を維持・管理するための付加保険料は、予定事業費率から算出される。

2 ☐☐ 生命保険料の計算において、一般に、予定利率を低く見積もるほど、保険料は低くなる。

3 ☐☐ 世帯主のリスクマネジメントを考える際に、死亡による遺族保障を生命保険で準備する場合、その保険金額（必要保障額）は、子供が独立するまでの生活費と教育費を合算した額となる。

4 ☐☐ 「契約のしおり」とは、契約内容の詳細を保険種類ごとに定型的に規定したものであり、契約締結前に契約者に渡さなければならない。

5 ☐☐ 保険業法上のクーリングオフを実施するには、契約日またはクーリングオフの内容を記載した書面の交付日のいずれか遅い日から8日以内に、契約者は文書もしくは口頭で通知しなければならない。 **よく出る**

6 ☐☐ 生命保険会社が契約上の責任を開始する責任開始日は「申込み」「保険会社の承諾」「第1回保険料（充当金）払込み」の3つが完了した日とされる。

7 ☐☐ 逓減定期保険とは、保険金額が期間の経過に応じて所定の割合で減少していく保険であり、通常、保険金額の減少と同一の割合で毎回の払込保険料も減少していく。

8 ☐☐ 収入保障保険の死亡・高度障害保険金は、契約時に定めた年金額が一定期間にわたって支払われるが、一時金で支払われることはない。

生命保険の保険料は、純保険料と付加保険料から構成されます。純保険料は死亡保険金や生存保険金を支払うためのもので、予定死亡率、予定利率から算出されます。保険会社が契約を維持・管理するための付加保険料は、**予定事業費率**から算出されます。

生命保険の保険料における予定利率とは、保険会社が保険料を運用することで得られる収益の割合で、**予定利率が低いほど運用収益が低くなる**ため、その分、**保険料は高く**なります。

必要保障額は、末子が独立するまでの遺族の生活費とその後の配偶者の老後の生活費のほか、子供の教育費や住居費等を合算し、その額から遺族年金等の予想される収入とすでに準備してある預貯金額を差し引いた額となります。

契約内容の詳細を保険種類ごとに定型的に規定したものは**保険約款**です。**契約のしおり**は保険約款の中の重要事項を簡単にまとめた小冊子で、契約前に必ず保険契約者に渡さなければなりません。

保険業法上のクーリングオフでは、契約日またはクーリングオフの内容を記載した書面の交付日のいずれか遅い日から**8日以内に文書で通知**することが必要で、口頭での通知は認められません。

責任開始日は、保険会社が保障を開始する日のことで、①**契約の申込み**、②**告知または医師の審査**、③**第1回保険料の払込みの3つが完了した日（3点完了日）**です。責任開始日に保険会社の承諾は関係ありません。

逓減定期保険とは、保険金額が期間の経過に応じて所定の割合で減少していく定期保険ですが、**保険料は保険期間を通じて一定**で、期間の経過に応じて減少するわけではありません。

収入保障保険とは、被保険者が死亡、または高度障害の状態になったときに、死亡・高度障害保険金を、**契約時に定めた一定期間にわたって年金形式で受け取るタイプ**の保険です。死亡・高度障害保険金は、被保険者の死亡時に一括で受け取ることも可能です。ただし、一括で受け取る場合、受取総額は年金形式で受け取る場合と比べて少なくなります。

9
☐☐ 定期保険特約付終身保険は、終身保険に定期保険特約を付けた保険であり、一生涯の保障を確保するとともに、一定期間の保障を大きくすることができる特徴がある。

10
☐☐ 養老保険とは、保険契約の満期までの期間に死亡・高度障害の状態になったときに、あらかじめ決められた保険金が支払われ、満期までの間に保険事故が起きなかった場合は、死亡保険金と同額の満期保険金を受け取ることができる生命保険契約である。

11
☐☐ 終身年金は、被保険者が生存している限り年金が支払われる個人年金保険で、夫婦のどちらかが生存している限り年金が支払われるタイプの契約もある。

12
☐☐ 個人年金保険の確定年金は、契約時に決められた支払期間中は、被保険者の生死に係わらず年金が支払われる。

13
☐☐ 個人が支払う生命保険料のうち、一定金額については所得控除が認められており、所得税や住民税が軽減される。

14
☐☐ リビング・ニーズ特約により受け取った生前給付保険金は、原則、非課税であるが、家族（指定代理請求人）が受け取った場合は、一時所得として課税の対象となる。 **よく出る**

15
☐☐ 生命保険の契約者および被保険者が夫で、死亡保険金受取人が妻である場合、夫の死亡によって妻が受け取った死亡保険金は非課税である。

定期保険特約付終身保険は、終身保険に定期保険特約を付けた保険で、定期保険特約が満期を迎えるまでの間の保障を大きくすることができます。

C

養老保険は、契約時に保険金額と満期を決め、満期までの間に死亡・高度障害の状態になったときは、死亡保険金が支払われ、満期までの間に保険事故が起きなかった場合は、死亡保険金と同額の満期保険金を受け取ることができる生命保険です。

B

終身年金は、被保険者が生存している限り年金を受け取ることができるタイプの個人年金保険です。年金の支払い開始から短期間で死亡した場合は、年金の受取り総額が少なくなるため、被保険者の生死に係わらず年金を受け取ることができる保証期間を付けることもできます。

B

また、夫婦の両方を被保険者にすることで、夫婦のいずれかが生存している限り、年金を受け取ることができます。

個人年金保険の確定年金は、被保険者の生死に係わらず、契約時に決められた支払期間、年金が受け取れます。支払期間中に被保険者が死亡した場合には、遺族が年金を受給することになります。

B

生命保険料控除には、一般の生命保険料控除、個人年金保険料控除、介護医療保険料控除の３つがあり、所得税では、それぞれの控除ごとに、最高40,000円が所得控除の対象となります。合算すれば、最高120,000円が所得控除できます。

B

リビング・ニーズ特約や特定疾病保障保険（特約）などの生前給付保険金は、契約者本人が受け取った場合だけでなく、指定代理請求人が受け取った場合も非課税です。

B

契約者および被保険者が夫で、妻が死亡保険金の受取人である場合、妻が受け取った死亡保険金は相続税の課税対象となります。なお、死亡保険金受取人が法定相続人の場合は、「500万円×法定相続人の数」によって計算された非課税枠があります。

B

16 死亡保険金額の大きい保険に加入することは、万が一の際の（　　　　）の対策となる。

（1）遺族保障　（2）医療保障　（3）老後保障

17 生命保険料は予定死亡率・予定利率・予定事業費率の3つの予定基礎率により算出される。このうち（　　　　）は、その率が高いほど保険料が安くなる。

（1）予定死亡率　（2）予定利率　（3）予定事業費率

18 生命保険料は、主として将来の保険金の支払財源となる（　①　）と、保険会社での契約の維持、管理に充てられる（　②　）に大別される。

よく出る

（1）① 死亡保険料　② 生存保険料
（2）① 純保険料　　② 付加保険料
（3）① 付加保険料　② 死亡保険料

19 保険料が払い込まれず生命保険契約が失効した場合、一般に、失効後（　　　　）に限り、保険会社の承諾および延滞保険料と延滞利息を支払うことにより、契約を元に戻すことができる制度を復活という。

（1）3年以内　（2）2年以内　（3）1年以内

20 保険料の払込みが困難になった場合に保険料の払込みを中止して、その時点の解約返戻金で同じ保険期間の一時払保険に変更する方法を（　　　　）といい、一般的に、保険金額は元の保険契約より小さくなり、特約は消滅する。**よく出る**

（1）延長保険　（2）払済保険　（3）契約転換制度

21 定期保険特約付終身保険（更新型）では、定期保険特約の保険金額を同額で自動更新すると、更新後の保険料は、通常、更新前（　　　　）。

（1）よりも安くなる　（2）と変わらない　（3）よりも高くなる

死亡保障の大きい保険に加入することは**遺族保障**の対策になります。医療保障の対策をする場合は、医療保険や医療特約を付保し、老後保障の対策としては、個人年金保険に加入する、などがあります。

(1)

C

３つの予定基礎率のうち、予定利率は運用により得られる予想収益をあらかじめ保険料から割り引くため、**予定利率**が高いほど保険料は安くなります。予定死亡率と予定事業費率は、予定率が低いほど保険料も安くなります。

(2)

A

保険料は将来の保険金支払財源となる**純保険料**と、保険会社が保険契約を維持・管理していくための費用である**付加保険料**に分けられます。

(2)

C

> 純保険料は死亡保険金の原資となる死亡保険料と、生存保険金の原資となる生存保険料から構成されています。

保険料が払い込まれず生命保険契約が失効した場合でも、一般に、失効後**３年以内**に限り保険会社の承諾および延滞保険料と延滞利息を支払うことで契約を元に戻すことができる制度を**復活**といいます。復活しても失効期間中の保険事故については、保険金は支払われません。

(1)

B

保険料の払込みを中止して、その時点の解約返戻金で同じ保険期間の一時払保険に変更する方法を**払済保険**といいます。払済保険の保険金額は一般的に、元の契約の保険金額よりも小さくなり、**特約は消滅**します。

(2)

A

定期保険特約付終身保険（更新型）では、定期保険特約の保険金額を同額で自動更新した場合、更新後の保険料は**更新時年齢での保険料**となるため、一般に**更新前の保険料より高く**なります。

(3)

B

22 □□ 一定期間内に死亡あるいは高度障害状態になった場合に死亡・高度障害保険金が支払われるのが（　　　）であり、満期保険金がないため、保険料が安い。

（1）養老保険　（2）定期保険　（3）終身保険

23 □□ 少額短期保険業は、少額かつ短期の保険のみを扱うことができ、被保険者1人当たりの保険金額は総額（　　　）までとなっている。

（1）300万円　（2）600万円　（3）1,000万円

24 □□ 個人年金保険の年金の種類のうち、年金支払期間中に被保険者が生存している場合に限り、契約で定めた一定期間、年金が支払われるものは、（　　　）である。

（1）有期年金　（2）確定年金　（3）生存年金

25 □□ 変額個人年金保険は、顧客から預かった保険料を特別勘定で運用し、その実績次第で年金額が増減する個人年金保険であるが、（　　　）については最低保証されている場合が一般的である。 **よく出る**

（1）受取年金総額　（2）死亡・高度障害保険金　（3）解約返戻金

26 □□ 契約者（保険料負担者）＝夫、被保険者＝夫、保険金受取人＝子である生命保険契約で死亡保険金を受け取った場合、（　　　）の課税対象となる。

（1）相続税　（2）贈与税　（3）所得税

27 □□ 個人年金保険において、契約者である年金受取人が毎年受け取る年金は（　　　）。

（1）非課税である

（2）雑所得として課税される

（3）配当所得として課税される

保障に重点を置く保険の中で、一定期間内の死亡・高度障害保険金が支払われる保険が**定期保険**です。定期保険には満期保険金がないため、保険料が比較的安く、高い保障を準備することができます。

少額短期保険業は、被保険者1人当たりの保険金額に、疾病による死亡の場合は300万円、損害による死亡の場合は600万円などの上限があり、総額では**1,000万円**までの規制があります。

有期年金とは、契約時に年金の支払い期間を10年や15年などと決め、決められた期間に**被保険者が生存している**ことを条件に年金が支払われるタイプの個人年金保険です。

変額個人年金保険は、支払った保険料が特別勘定で運用され、運用実績によって受け取る年金総額が変動する保険です。一般に**死亡・高度障害保険金**には最低保証がありますが、解約返戻金等には最低保証がありません。

契約者（保険料負担者）＝被保険者＝夫、保険金受取人＝子という生命保険契約で、死亡保険金を受け取った場合は**相続税**の課税対象となります。この場合は、死亡保険金受取人である子は法定相続人（相続放棄した者を除く）であるため、生命保険金の**非課税枠**が利用できます。

個人年金保険において、年金受け取り期間中に年金受取人が毎年受け取る年金は、**雑所得として所得税が課税**されます。

> 雑所得の額は「その年に受け取る年金額－必要経費」で計算します。

❸ 第三分野の保険

一問一答問題

1 ☐☐ 医療保険の基本的な保障である入院給付金には、1入院当たりの支払限度日数が設けられているが、通算の支払限度日数はない。

2 ☐☐ 特定疾病保障特約は、ガン・急性心筋梗塞・脳卒中により所定の状態に該当した場合に保険金が支払われるが、その他の病気や事故が原因で死亡した場合には保険金は支払われない。 **よく出る**

3 ☐☐ がん保険はガンの保障を目的とした保険であり、ガンの保障に絞っているため医療保険より保険料が割安である。ただし、加入後3ヵ月（または90日）の待期期間と呼ばれる免責期間が設けられており、その間に、ガンと診断されても給付金は支払われない。 **よく出る**

三肢択一問題

4 ☐☐ リビング・ニーズ特約は、余命（ ① ）以内と診断された場合に、死亡保険金の一部または全部が支払われるものであり、（ ② ）。 **よく出る**
(1) ① 1ヵ月　② 割増保険料が必要となる
(2) ① 3ヵ月　② 割増保険料は不要である
(3) ① 6ヵ月　② 割増保険料は不要である

5 ☐☐ 病気で入院した場合、医療保険は、一般的に、（　　　）で給付金が支払われる。
(1) 1日当たりの定額　(2) 1入院当たりの定額　(3) 実際に支払った実額

6 ☐☐ がん保険は入院給付金の支払日数には限度がないが、加入後（　　　）間の待期期間と呼ばれる免責期間が設けられている。 **よく出る**
(1) 1ヵ月
(2) 2ヵ月
(3) 3ヵ月

入院給付金には、**1入院当たりの支払限度日数**と**通算の支払限度日数**が設けられています。支払限度日数が長いほうが保障は厚いですが、保険料は高くなります。

×
B

特定疾病保障特約は、**ガン・急性心筋梗塞・脳卒中**により所定の状態と診断された場合のほか、**その他の病気や事故で死亡した場合**にも保険金が支払われます。

ただし、どちらかの保険金を受け取った時点で特約は終了します。

×
A

がん保険は、ガンの保障に絞っているため、医療保険より保険料が割安ですが、**3ヵ月（または90日）の待期期間**が定められていて、待期期間にガンと診断されても給付金は支払われません。

○
B

リビング・ニーズ特約は、**余命6ヵ月以内**と診断された場合に、死亡保険金の一部または全部が支払われるもので、特約を付加しても、**割増保険料は不要**です。

(3)
C

病気で入院した場合、医療保険では**1日当たりの定額**で給付金が支払われます。一方、医療費用保険など損害保険会社の保険は、一般的に、実際に支払った実額の保険金が支払われます。

(1)
C

がん保険には、加入後**3ヵ月（または90日）**の待期期間と呼ばれる免責期間が設けられており、その間にガンと診断されても給付金は支払われません。

がん保険の待期期間の問題はよく出題されます！

(3)
B

❹ 損害保険

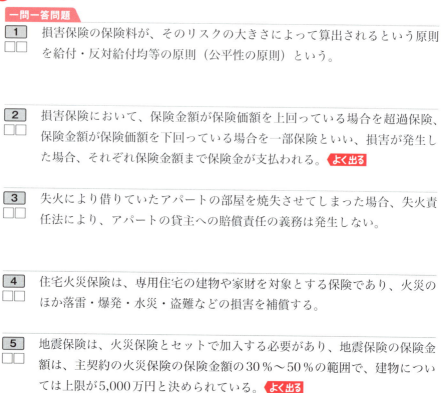

一問一答問題

1 ☐☐ 損害保険の保険料が、そのリスクの大きさによって算出されるという原則を給付・反対給付均等の原則（公平性の原則）という。

2 ☐☐ 損害保険において、保険金額が保険価額を上回っている場合を超過保険、保険金額が保険価額を下回っている場合を一部保険といい、損害が発生した場合、それぞれ保険金額まで保険金が支払われる。 **よく出る**

3 ☐☐ 失火により借りていたアパートの部屋を焼失させてしまった場合、失火責任法により、アパートの貸主への賠償責任の義務は発生しない。

4 ☐☐ 住宅火災保険は、専用住宅の建物や家財を対象とする保険であり、火災のほか落雷・爆発・水災・盗難などの損害を補償する。

5 ☐☐ 地震保険は、火災保険とセットで加入する必要があり、地震保険の保険金額は、主契約の火災保険の保険金額の30％～50％の範囲で、建物については上限が5,000万円と決められている。 **よく出る**

6 ☐☐ 地震保険の損害区分は、全損、半損、一部損の3つに区分され、半損の場合、地震保険金額の60％（時価の60％）を上限に保険金が支払われる。 **よく出る**

損害保険の保険料は、**給付・反対給付均等の原則（公平性の原則）**や**利得禁止の原則**によって決められます。このうち、給付・反対給付均等の原則（公平性の原則）とは、損害保険の保険料は、そのリスクの大きさによって算出されるという原則です。

損害保険において、保険金額が保険価額を上回っている場合を**超過保険**、保険金額が保険価額を下回っている場合を**一部保険**といいます。損害が発生した場合、超過保険では保険価額まで、一部保険では保険金額を上限に比例てん補方式で損害額が支払われます。

失火の責任に関する法律（失火責任法）により、軽過失で隣家を焼失させても隣家に対する賠償責任は負いませんが、失火により賃借物（アパートの部屋）を焼失させた場合は民法の**債務不履行責任**により、失火者は貸主に対して賠償責任を負います。

住宅火災保険は住宅建物と家財を保険の対象とし、**火災・落雷・破裂・爆発**などの際に保険金が支払われます。水災や盗難などの損害は補償されません。

地震保険は単独では加入できず、火災保険の特約としてセットで加入する必要があります。地震保険の保険金額は主契約の火災保険の**30％〜50％**の範囲で、**建物は5,000万円**、**家財は1,000万円**が上限です。

地震保険の損害区分は、**全損・大半損・小半損・一部損**の4つに区分されます。大半損の場合、地震保険金額の60％（時価の60％）が限度、小半損の場合、地震保険金額の30％（時価の30％）が保険金支払いの限度です。

📖 **地震保険のまとめ**

損害区分	保険金額
全損	地震保険金額の全額（時価が限度）
大半損	地震保険金額の**60％**（時価の60％が限度）
小半損	地震保険金額の**30％**（時価の30％が限度）
一部損	地震保険金額の**5％**（時価の5％が限度）

7 自動車損害賠償責任保険（自賠責保険）における保険金の限度額は、被害者1人につき、死亡による損害については4,000万円である。**よく出る**

8 自動車保険のうち、運転者の年齢や性別など9種類の要件のなかから保険会社が任意にリスクに応じて保険料を設定する保険をリスク細分型保険といい、旧来の保険より保険料が安くなる。

9 海外旅行傷害保険に加入しているAさんが、海外旅行に出かけるために自宅を出発した後、国内の空港に向かう途中で交通事故に遭い、2週間入院した場合、海外旅行傷害保険から保険金は支払われない。

10 個人賠償責任保険は、個人が日常生活の偶然な事故により、第三者に損害を与えたときの法律上の損害賠償責任を補償する保険のため、同居の親が起こした偶然な事故による賠償責任については補償されない。

11 ホテルが、クロークで顧客から預かった荷物等の紛失や盗難により、法律上の賠償責任を負った場合に被る損害に備える保険は、受託者賠償責任保険である。

12 地震保険料控除は、個人が所有する住宅・家財を保険の目的とする地震保険の保険料が対象となり、所得税・住民税とも最大50,000円まで所得控除を受けることができる。

自動車損害賠償責任保険（自賠責保険）の支払限度額は、被害者1人当たり死亡については**3,000万円**です。なお、1事故当たりの支払限度額はないので、被害者が複数いる場合は、被害者ごとに限度額まで支払われます。

自賠責保険による補償

事故の区分	補償の区分	支払限度額（死傷者1人当たり）
死亡事故	死亡	3,000万円
	死亡までの傷害	120万円
傷害事故	傷害	120万円
	後遺障害	**4,000万円**〜75万円

リスク細分型保険は、地域、性別、運転歴など9種類の要件を考慮して保険料が決められますが、若年者などの場合、**必ずしも保険料が安くなるわけではありません。**

海外旅行傷害保険は、海外旅行の目的で**住居を出発してから帰宅するまで**が補償の対象となるため、空港へ向かう途中の事故は国内であっても保険金は支払われます。

個人賠償責任保険の被保険者の範囲には、**本人**のほか、**配偶者、生計を一にする同居の親族、生計を一にする別居の未婚の子**も含まれるため、同居の親が起こした偶然な事故による賠償責任についても補償されます。

受託者賠償責任保険は、**預かり物の滅失、盗難、紛失**による賠償責任を補償する保険です。ホテルのクロークなどで顧客から預かった衣類や荷物の紛失や盗難による賠償責任を補償するのが、この受託者賠償責任保険です。

地震保険料控除の金額は、所得税では**最大50,000円**ですが、住民税では**最大25,000円**（ただし、支払った保険料の**2分の1**まで）となっています。

13 火災保険の契約者が所有する居住用家屋や家財が火災により焼失し、保険金の支払いを受けた場合、一時所得として所得税・住民税の課税対象となる。
□□

14 損害保険の保険料が、その危険に応じて公正に算出されることを（　　　　）という。 **よく出る**
□□
（1）大数の法則
（2）収支相等の原則
（3）給付・反対給付均等の原則（公平性の原則）

15 地震保険は、単独での加入はできず、火災保険を主契約としてその特約として付保する必要があり、地震保険の保険金額は、主契約である火災保険の保険金額の30％から（　　　　）の範囲内で設定する。
□□
（1）50％
（2）60％
（3）75％

16 住宅火災保険は、住宅物件の建物と家財を対象にしており、火災・破裂・爆発・風災・ひょう災・雪災・（　　　　）などによる損害について保険金が支払われる。
□□
（1）水災（台風、集中豪雨による洪水等）
（2）落雷
（3）盗難

17 自動車事故により、被保険自動車（非業務用のマイカー）に生じた損害に対して被保険者（＝契約者および保険料負担者）が自動車保険から受け取る車両保険金は、所得税において（　　　　）となる。
□□
（1）非課税
（2）譲渡所得として課税対象
（3）一時所得として課税対象

	正解

火災保険等の損害保険で、個人が損害を受けたことによって支払われる損害保険金は、原則として**非課税**です。

✕ **B**

損害保険で個々の契約者が支払う保険料は、その危険に応じて公正に算出されなければならないことを、**給付・反対給付均等の原則（公平性の原則）**といいます。

(3) **C**

地震保険の保険金額は、主契約である火災保険の保険金額の30％から**50％**の範囲内で設定し、**建物については5,000万円、家財については1,000万円**が保険金額の限度となっています。

(1) **B**

住宅火災保険は、専用住宅などの建物と家財を対象とする保険であり、**火災・破裂・爆発・風災・ひょう災・雪災・落雷**などで損害を受けた場合に保険金が支払われます。住宅総合保険のほうが補償の範囲が広く、住宅火災保険の補償に加えて、物体の落下・飛来・衝突・水災・水漏れ・盗難・持出家財の損害なども補償の対象となります。

(2) **A**

自動車事故により、被保険自動車に生じた損害に対して受け取った車両保険金は、所得税・住民税が**非課税**となります。

(1) **C**

2
リスク管理

学科

18 □□ 自賠責保険（自動車損害賠償責任保険）で支払われる保険金の限度額は、死亡の場合は（　①　）3,000万円だが、ひき逃げや無保険車による事故の場合は対象外であり、被害者救済のために別途、（　②　）がある。

よく出る

（1）① 1事故当たり　　② 任意の自動車保険

（2）① 1事故当たり　　② 政府の自動車保険

（3）① 1名当たり　　② 政府の保障事業

19 □□ 個人賠償責任保険において、（　　　）場合には補償の対象にはならない。

よく出る

（1）友人から借りたカメラを誤って破損した

（2）飼い犬が他人に噛み付き、ケガを負わせた

（3）買い物中に、陳列されている商品を誤って壊した

20 □□ 飲食店において「提供した料理が原因で食中毒が発生した」といった場合のリスクに対応する保険として、（　　　）がある。**よく出る**

（1）生産物賠償責任保険

（2）施設賠償責任保険

（3）請負業者賠償責任保険

21 □□ 地震保険料控除は、所有する住宅や家財を保険の目的とする地震保険の保険料が対象となり、所得税では最高（　　　）が控除額となる。

（1）15,000円

（2）25,000円

（3）50,000円

22 □□ 個人が損害を受けたことにより支払われる損害保険金や賠償金を受け取ったときは、（　　　）となる。

（1）一時所得

（2）非課税

（3）雑所得

自賠責保険で支払われる保険金の限度額は、死亡の場合は**1名当たり3,000万円**であり、1事故当たりの限度額はありません。ひき逃げや無保険車による事故は、自賠責保険は対象外ですが、被害者救済のために**政府の保障事業**があり、自賠責保険と同額の補償を受けることができます。

(3)

B

個人賠償責任保険では、他人からの**借り物の損害**による賠償責任は、保険金の支払対象となりません。

車両事故による賠償、職務遂行上の賠償、天災による賠償なども補償の対象外です。

(1)

B

飲食店や弁当屋等で「提供した料理が原因で食中毒が発生した」といった場合など、製造後、販売後の欠陥に関する賠償責任リスクに対応する保険として、**生産物賠償責任保険**があります。

(1)

B

地震保険料控除の控除額は、所得税では支払った保険料の全額で**最高50,000円**、住民税では支払った保険料の2分の1で最高25,000円です。

(3)

B

個人が、損害を受けたことにより受け取った損害保険金や賠償金・見舞金（社会通念上相当とされる額）は、**非課税**です。

(2)

B

実技試験対策

保険証券の読み取りは
毎回出ます！

協会｜資産 は日本FP協会の資産設計提案業務に、金財｜個人 は金財の個人資産相談業務に
対応した問題を示しています。

第1問 次の設例に基づいて、下記の各問（ 1 ～ 3 ）に答えなさい。

協会｜資産

設例

　高橋さんは、下記〈資料〉の生命保険に加入していますが、最近、体調の
ことが気になり始めたため、生命保険の見直しを考えて、知り合いの FP に
相談しました。

〈資料〉

定期保険特約付終身保険（一部抜粋）

保険契約者	高橋　佳宏　様
被保険者	高橋　佳宏　様
契約時	契約年齢　40歳　男性
受取人	高橋　美春　様 （保険契約者との続柄：妻）

◇契約日（保険期間の始期）
　：2015年8月1日
◇主契約の保険期間：終身
◇主契約の保険料払込期間
　：60歳払込満了

◆保障内容

主契約・特約名	保険金額・給付金額		保険期間
終身保険（主契約）	保険金額	100万円	終身
定期保険特約	保険金額	1,000万円	10年間
特定疾病保障定期特約	保険金額	300万円	10年間
傷害特約	保険金額	1,000万円	10年間
疾病入院特約	入院5日目から	日額5,000円	10年間
災害入院特約	入院5日目から	日額5,000円	10年間
成人病入院特約	入院5日目から	日額5,000円	10年間

※入院給付金支払限度日数は、1入院60日、通算して1,000日です。

1 高橋さんが、2021年にガン（悪性新生物）と診断され、30日間入院した場合に受け取ることができる保険金・給付金の額として正しいものはどれか。 **よく出る**

(1) 13万円
(2) 26万円
(3) 326万円

2 高橋さんが、2021年に交通事故で死亡した場合に支払われる保険金の額として正しいものはどれか。 **よく出る**

(1) 1,100万円
(2) 2,100万円
(3) 2,400万円

3 生命保険を契約するうえでの注意点に関する次の記述のうち、最も適切なものはどれか。

(1) 保障が開始するのは、契約の申込み、告知または医師の審査、保険会社の承諾の3点が完了した日となる。
(2) 保険約款を簡単にまとめた "契約のしおり" は、必ず契約前に手渡ししなくてはならない。
(3) 契約時に、契約者または被保険者は保険会社に告知が必要であり、告知義務に違反した場合、保険会社は保険金の支払い拒絶や契約解除をすることができるが、その場合の保険料の払戻しはない。

1 正解（3） A

高橋さんがガンにより入院した場合に支払い対象となるのは、**特定疾病保障定期特約、疾病入院特約、成人病入院特約**の3つです。

・特定疾病保障定期特約：300万円

・疾病入院特約（入院5日目から対象、4日間は免責）

   ：5,000円 ×（30日 − 4日）＝ 13万円

・成人病入院特約（入院5日目から対象、4日間は免責）

   ：5,000円 ×（30日 − 4日）＝ 13万円

➡300万円 ＋ 13万円 ＋ 13万円 ＝ **326万円**

2 正解（3） A

高橋さんが交通事故で死亡した場合、支払い対象になる契約（特約）は、**終身保険（100万円）、定期保険特約（1,000万円）、特定疾病保障定期特約（300万円）、傷害特約（1,000万円）**の4つです。

   100万円 ＋ 1,000万円 ＋ 300万円 ＋ 1,000万円 ＝ **2,400万円**

3 正解（2） B

（1）不適切。保障が開始する責任開始日は、**契約の申込み、告知または医師の審査、第1回保険料払込み**の3点が完了した日（一番遅い日）となります。

（2）適切。**契約のしおり**は、保険約款から重要と思われる項目を抜き出してわかりやすくまとめた書類で、**契約前に契約者に手渡さなければなりません。**

（3）不適切。**告知義務違反**で保険会社が契約解除した場合は、一般に、**解約返戻金相当額の払戻し**となります。

第2問 次の設例に基づいて、下記の各問（ 4 ～ 6 ）に答えなさい。

設例

高田さんは、2021年2月、下記の生命保険と損害保険に加入した。

① 終身保険

    契約者（＝保険料負担者）・被保険者：高田さん

    死亡保険金受取人：妻Aさん（法定相続人）

    2021年中に支払った正味保険料：78,000円

② 普通傷害保険（1年更新契約・満期金なし）

    契約者（＝保険料負担者）・被保険者：高田さん

    死亡保険金受取人：妻Aさん

    2021年中に支払った正味払込保険料：15,000円

2
リスク管理

実技

4 高田さんの2021年分の所得税の計算における生命保険料控除の額として、正しいものはどれか。

〈資料〉所得税の生命保険料控除の控除額

支払保険料	控除額
20,000円以下	支払金額
20,000円超　40,000円以下	支払金額×1/2＋10,000円
40,000円超　80,000円以下	支払金額×1/4＋20,000円
80,000円超	40,000円

（1）39,500円

（2）40,000円

（3）50,000円

5 終身保険における契約者（＝保険金負担者）、被保険者、保険金受取人が以下の関係であるとき、高田さんの死亡により保険会社から受け取った死亡保険金の課税関係に関する次の記述のうち、最も適切なものはどれか。

	契約者	被保険者	受取人	課税関係
A	高田さん	妻Aさん	高田さんの子	（ ① ）
B	高田さん	妻Aさん	高田さん	（ ② ）
C	高田さん	高田さん	妻Aさん	（ ③ ）
D	高田さん	高田さん	高田さんの相続人以外の第三者	（ ③ ）

（1）① 相続税　② 所得税　③ 贈与税
（2）① 所得税　② 相続税　③ 贈与税
（3）① 贈与税　② 所得税　③ 相続税

6 設例の傷害保険における次の記述のうち、最も不適切なものはどれか。

（1）骨折で入院した場合に、保険会社から受け取る保険金は非課税である。
（2）2021年中に支払った保険料は、損害保険料控除の対象となる。
（3）高田さんが高度障害状態になった場合に支払われる高度障害保険金を、本人、配偶者、直系血族、同一生計親族が受け取る場合は非課税となる。

4 正解（1） C

　高田さんが2021年中に支払った保険料のうち、①終身保険が**生命保険料控除**の対象となります。

　　78,000円 × 1/4 + 20,000円 = 39,500円

5 正解（3） A

　個人が死亡保険金を受け取った場合の課税関係は、**契約者、被保険者、受取人の関係により相続税・所得税・贈与税のいずれか**になります。

　Aの場合、契約者 ≠ 被保険者 ≠ 保険金受取人であるため、死亡保険金は**贈与税**の対象となります。Bの場合、契約者 = 保険金受取人であり、死亡保険金は**所得税**の対象となります。CとDは、契約者 = 被保険者なので、死亡保険金は**相続税**の対象ですが、保険金受取人が相続人の場合は非課税枠（法定相続人の数 × 500万円）の適用があり、保険金受取人が法定相続人以外の第三者の場合には非課税枠の適用はありません。

6 正解（2） B

（1）適切。個人が損害を受けたことにより支払われる損害保険金は**非課税**です。

（2）不適切。損害保険料控除（長期）の対象となるのは、2006年12月31日までの契約で、保険期間10年以上、かつ満期返戻金付の長期損害保険契約を対象としています。2007年1月以降の契約から損害保険料控除はなくなり、地震保険料控除に一本化されました。

（3）適切。高田さんが高度障害状態になった場合に支払われる高度障害保険金は、高田さんが受け取ったときだけでなく、配偶者やその他の親族などが受け取った場合も**非課税**になります。

協会｜資産

設例

外山さんは、がん保険に加入しているが、その他の損害保険にも興味を持っている。損害保険には、さまざまな種類があることを知り、もっと知りたいと思い、FPの飯倉さんに相談しました。

7

外山さんが加入しているがん保険（下記の〈資料・保険証券〉参照）の保障内容に関する次の記述のうち、空欄（ア）にあてはまる金額として、正しいものはどれか。なお、保険契約は有効に継続しているものとし、外山さんはこれまでに〈資料・保険証券〉の保険から給付金を一度も受け取ったことはないものとする。

〈資料・保険証券〉

がん保険（一部抜粋）	保険証券記号番号 （〇〇〇〇〇〇）
◇契約者　：外山哲二様 ◇被保険者：外山哲二様（契約年齢45歳） ◇受取人　：(死亡保険金) 外山孝子様 　　　　　　［契約者との続柄］妻	◇契約日（保険期間の始期） 　　：2012年4月1日 ◇主契約の保険期間：終身 ◇主契約の保険料払込期間：終身

◆ご契約内容

主契約 ［本人型］	がん診断給付金　初めてガンと診断されたとき　　　　　　100万円 がん入院給付金　1日につき　　　　　　　　日額　10,000円 がん通院給付金　1日につき　　　　　　　　日額　10,000円 がん手術給付金　1回につき　手術の種類に応じてがん入院給付金 　　　　　　　　　　　　　　　日額の10倍・20倍・40倍 死亡保険金　ガンによる死亡の場合は、がん入院給付金日額の50倍 　　　　　　（ガン以外の死亡の場合は、がん入院給付金日額の10倍）

外山哲二さんが2021年中に、初めてガン（悪性新生物）と診断され、その後20日間入院し、給付倍率20倍の手術（1回）を受けた場合、支払われる給付金の合計額は、（　ア　）万円である。

（1）40万円　（2）140万円　（3）160万円

8 外山さんは、地震への備えの1つとして地震保険を契約することを検討している。地震保険に関する次の記述のうち、最も不適切なものはどれか。

□□

(1) 地震により発生した津波による損害は、保険金支払いの対象とならない。

(2) 新築住宅の場合であっても、地震保険を、火災保険契約に付帯せず単独で契約することはできない。

(3) 保険料は、建物の構造や地域によって異なるが、建物の免震・耐震性能に応じた保険料割引制度がある。

9 地震保険に関して、FPの飯倉さんが説明した次の内容のうち、最も適切なものはどれか。 **よく出る**

□□

(1) 地震保険の保険金額は、火災保険の金額の30％～50％の範囲で設定し、保険金の限度額はありません。

(2) 地震が原因で火災となり、保険の目的である建物が焼失した場合、地震保険の対象となります。

(3) 地震により保険の目的である建物が損害を受け、一部損と判定された場合、地震保険金額の10％が保険金として支払われます。

10 下記の〈資料〉の住宅火災保険の支払保険金（価額協定保険特約なし）として、正しいものはどれか。

□□

〈資料〉

・購入価格	4,000万円
・時価	3,200万円
・保険金額	2,000万円
・損害額	800万円

(1) 400万円

(2) 625万円

(3) 800万円

11 海外旅行傷害保険の支払い対象に関する次の記述のうち、最も不適切なものはどれか。
☐☐

(1) 海外旅行先で細菌性食中毒に感染して入院した場合は、支払い対象となる。
(2) 旅行に行く途中、日本国内の空港に向かう途中の電車でケガした場合も補償される。
(3) 海外旅行先で地震に遭い足を骨折したが、地震を起因としたケガは支払い対象とならない。

12 外山さんが契約している普通傷害保険の主な内容は、下記〈資料〉のとおりである。次の（1）～（3）のケース（該当者は外山さんである）のうち、保険金の支払い対象とならないケースはどれか。なお、いずれも保険期間中に発生したものであり、〈資料〉に記載のない事項については一切考慮しないこととする。 **よく出る**
☐☐

〈資料〉

保険種類	普通傷害保険
保険期間	1年間
保険契約者	外山哲二
被保険者	外山哲二
死亡・後遺障害保険金額	3,000万円
入院保険金日額	5,000円
通院保険金日額	2,000円

※特約は付帯されていない。

(1) 業務中に階段から転落して、ケガをして通院した場合。
(2) 休日にスケートボードで滑走中に転倒し、足を骨折して入院した場合。
(3) 外出先で購入した弁当が原因で細菌性食中毒にかかり、入院した場合。

第３問の解答と解説

7　正解（2）　A

　外山さんが2021年中に初めてガン（悪性新生物）と診断され、20日間の入院と１回の手術をした場合に支払われる契約・特約は、**がん診断給付金**、**がん入院給付金**、**がん手術給付金**であり、受け取れる給付金額は、以下のとおりになります。

がん診断給付金		100万円
がん入院給付金	10,000円×20日 ＝	20万円
がん手術給付金	10,000円×20倍 ＝	20万円
計		140万円

8　正解（1）　C

（1）不適切。地震保険では、**地震により発生した津波による**損害も、保険金支払いの対象となります。

（2）適切。地震保険は、住宅総合保険などの**火災保険契約に付帯して契約**するものであり、単独で契約することはできません。

（3）適切。地震保険料には、**建物の免震・耐震性能に応じた割引**制度があります。

9　正解（2）　B

（1）不適切。地震保険の保険金額は、火災保険の保険金額の**30％〜50％**の範囲で設定し、**建物5,000万円、家財1,000万円**が限度となっています。

（2）適切。**地震が原因で発生した火災**による損害は、**地震保険の補償の対象**になります。

（3）不適切。地震において**一部損**と判定された場合、**地震保険金額の5％（時価の5％が限度）**が保険金として支払われます。

10　正解（2）　B

　建物の支払保険金は、契約した保険金額と建物の価値を金銭的に評価した額である保険価額の関係によって、異なる場合があります。「保険価額＜保険金額」の場合は超過保険といい、「**保険価額＞保険金額**」の場合は**一部保険**といいます。

　超過保険の場合は保険価額以上の保険金は支払われず、一部保険の場合は、保険金額と保険価額の割合に応じて保険金が支払われます（**比例てん補**）。

　設問の場合、保険価額（3,200万円）＞保険金額（2,000万円）であるため、一部保険に該当します。

　比例てん補によって支払われる保険金の額は、以下の算式で計算します。

$$支払保険金 ＝ 損害額 \times \frac{保険金額}{保険価額 \times 80\%}$$

　したがって、支払保険金の額は、以下のようになります。

$$800万円 \times \frac{2,000万円}{3,200万円 \times 80\%} ＝ 625万円$$

11　正解（3）　C

（1）適切。**海外旅行傷害保険**では、**細菌性食中毒**も補償されます。

（2）適切。海外旅行傷害保険では、**海外旅行の目的で住居を出発したときから帰宅するまで**が補償の対象となります。

（3）不適切。海外旅行傷害保険については**地震・噴火・津波が原因の傷害も補償され、旅行中の病気**も補償されます。

12　正解（3）　B

（1）**普通傷害保険**は、**日常の国内外を問わず、仕事中も含めて起こるさまざまなケガ**を補償する保険です。業務中のケガも補償の対象となります。

（2）普通傷害保険は、**日常生活で起こるさまざまなケガ**を補償する保険であり、設問の場合も補償の対象となります。

（3）普通傷害保険では、**細菌性食中毒**で入院をした場合は、特約を付帯しない限り、補償の対象外です。

第3章

金融資産運用

 ココが出る! **重要ポイント**

学科	・代表的な景気指標、物価指数、日本銀行の金融政策がよく出題されます。
	・預貯金の元利合計を求める問題が出題されます。
	・計算問題は、債券の利回り・株式の投資指標の計算ができるようにしましょう。
	・投資信託の分類と運用手法を理解しましょう。
実技	・資産設計提案業務では、株式の投資指標を使う計算問題、会社四季報の読取り問題などが出題されます。
	・個人資産相談業務では、企業の財務分析に関する出題があります。

▶過去5回分の出題傾向

	学科	実技	
	共通	資産	個人
経済指標と金融政策	A	C	
預金・貯金	B		
債券	A	B	C
株式	A	A	A
投資信託	A	B	C
外貨建て商品	B		B
その他の金融商品	C		
ポートフォリオ	B		
金融商品の税金	C		
NISA	B	A	B
セーフティネット	B		
消費者保護の法律	C		

Aは必修、
Bはよく出る、
Cはたまに出る
テーマだよ!

※「資産」は日本FP協会の資産設計提案業務、「個人」は金財の個人資産相談業務を示しています。

次の各文章について、一問一答問題では適切なものに○を、不適切なものに×を付けましょう。また、三肢択一問題では（　　）内にあてはまる最も適切な文章、語句、数字またはそれらの組合せを(1)～(3)のなかから選びましょう。

❶ マーケット環境の理解

一問一答問題

1 □□　GDPは日本国内で生産された付加価値の総額を示す指標であり、外国企業の日本国内工場から受け取る要素も含まれる。

2 □□　日銀短観（全国企業短期経済観測調査）は、企業の経済活動の現状把握と将来予測のために、年4回、日本銀行によって行われる調査である。

3 □□　一般に、景気動向指数のコンポジット・インデックス（CI）の一致系列が上昇しているときは、景気の後退局面といえる。

4 □□　企業物価指数は、家計が購入する財とサービスの価格変動を時系列的に捉えた指標であり、公的年金の額の改定や政府の経済政策の決定の際に参考にされる。

5 □□　一般に、日本の金利が一定のとき、米国の金利が低下すると、円を米ドルに換える動きが強まり、為替レートが円安／米ドル高に推移する要因となる。

6 □□　日本銀行の金融政策の1つである公開市場操作において、日本銀行が金融機関の保有する有価証券等の買入を行えば、市中に出回る資金量は増加する。 **よく出る**

三肢択一問題

7 □□　経済指標のうち、内閣府から発表される（　　　）は景気の動きを知るための代表的な経済指標であり、先行指数、一致指数、遅行指数の3つに分類される30種類の指標をもとに算出される。 **よく出る**
（1）国内総生産（GDP）　（2）日銀短観　（3）景気動向指数

解説と解答

● 問題の難易度について、**A** は難しい、**B** は普通、**C** は易しいことを示しています。

	正解
GDP には、**外国企業の日本国内での生産**も含まれます。逆に、日本企業が海外の現地工場から受け取る要素は GDP には含まれません。	○ **C**
日銀短観は、**日本銀行によって年4回**行われる調査です。日銀短観で公表される**業況判断 DI** は、企業経営者が景気をどのように感じているかという実態部分を読み取ることができるため、注目度の高い指標の1つといえます。	○ **C**
景気動向指数の**コンポジット・インデックス（CI）**の一致系列が上昇しているときは、**景気の上昇局面**といえます。	× **B**
企業物価指数は、**企業間取引における商品価格の変動**を捉えた指標で、日本銀行が公表しています。家計が購入する財とサービスの価格変動を時系列的に捉えた指標は消費者物価指数で、総務省が公表し、公的年金の額の改定や、政府の経済政策の決定の際に参考にされる指標です。	× **B**
一般に、日本の金利が一定で、米国の金利が低下すると、米国よりも日本に投資をしたほうが有利になるため、米ドルを売って円に換える動きが強まります。それによって、為替レートは**円高／米ドル安**に推移する要因となります。	× **A**
公開市場操作は日本銀行の代表的な金融政策で、日本銀行が金融機関の保有する国債などの有価証券を買い取る**買いオペレーション**を行うことによって、その代金として資金を市中に供給し、**市場に出回る資金量を増加させる**効果があります。	○ **B**
景気動向指数は、景気に敏感な30種類の指標をもとに算出されます。現在は**景気 CI** を中心として公表されていますが、その他に景気 DI も公表されています。	(3) **B**

8 物価動向の指標のうち、（ ① ）は日本銀行が発表し、（ ② ）は総務
□□ 省が発表する。
（1）① 卸売物価指数　② 企業物価指数
（2）① 消費者物価指数　② 卸売物価指数
（3）① 企業物価指数　② 消費者物価指数

9 短期金融市場のうち、金融機関だけで取引される市場を（ ① ）といい、
□□ 金融機関以外も参加できる市場を（ ② ）という。
（1）① コール市場　　　② オープン市場
（2）① インターバンク市場　② オープン市場
（3）① インターバンク市場　② コール市場

10 景気に回復の兆しが見え、企業の需要も旺盛になっているときは、一般に
□□ 金利は（　　　）と考えられる。
（1）上昇していく
（2）低下していく
（3）変わらない

11 日本銀行は、景気の安定と持続的な経済成長を実現させるために金融政策
□□ を行うが、その中の1つである公開市場操作のうち、（　　　）には、金
利を低めに誘導する効果がある。 **よく出る**
（1）公定歩合引上げ
（2）売りオペレーション
（3）買いオペレーション

② 預貯金・金融類似商品等

一問一答問題

1 単利の利息は元本に組み込まれず再投資されないが、複利の利息は元本に
□□ 加えて（再投資して）、これを新しい元本とみなして次の利息を計算する。

企業物価指数は企業間の取引や貿易取引における商品価格の変動を捉えた指標であり、日本銀行が公表しています。一方、**消費者物価指数**は消費者世帯が購入する商品・サービスの価格を対象とした指標で、総務省によって公表されます。

(3)

B

金融市場は取引する資金の満期までの期間が短期（**1年未満**）か長期（**1年以上**）かにより、短期金融市場と長期金融市場に分類されます。短期金融市場はさらに**インターバンク市場**と**オープン市場**に分類されます。

(2)

C

インターバンク市場とは、金融機関のみが参加できる市場をいいます。

景気がよくなり企業の資金需要が旺盛になると、全体的に資金不足となるため、一般的には、資金調達のコストにあたる金利が**上昇していきます**。

(1)

C

買いオペレーションは、民間銀行の保有する債券等を日本銀行が買い取ることで、市中に資金を供給し、**金利を低めに誘導**する金融政策です。日本銀行は、不景気のときに買いオペレーションを行うことで、景気の底上げを図ります。

(3)

B

このため、単利は「利率＝利回り」となりますが、複利は利息を再投資して運用するため「利率＜利回り」となります。

O

C

2 100万円を利率1.0％、期間3ヵ月のスーパー定期に預け入れた場合、税金を考慮しなければ、満期時に1万円の利子を受取ることができる。

3 ゆうちょ銀行の定額貯金は、原則として1年経過すればいつでも引出し可能な半年複利の変動金利商品であり、最長10年間預け入れできる。

4 急激な金利の上昇が予想されるときは、投資する側から見れば、固定金利型商品への投資が有利な運用といえる。

三肢択一問題

5 預貯金の利子の計算方法には単利と複利があり、利率や課税方法などの条件が同じである場合、（　　　　）。
（1）どちらが有利であるとは一概にはいえない
（2）単利のほうが有利である
（3）複利のほうが有利である

6 元金200万円を、年利2％（1年複利）で3年間運用した場合の元利合計金額は、税金や手数料等を考慮しない場合、（　　　　）である。**よく出る**
（1）2,097,544円
（2）2,120,000円
（3）2,122,416円

7 大口定期預金は（　①　）の商品で、最低預入金額は（　②　）である。
（1）① 固定金利　② 　300万円
（2）① 固定金利　② 1,000万円
（3）① 変動金利　② 　500万円

利率1.0%とは、**1年間預けた場合の利子**であるから、満期までの期間が3ヵ月であれば、その4分の1、つまり2,500円の利子を受取ることになります。

ゆうちょ銀行の定額貯金は、原則として**6ヵ月経過すればいつでも引き出し可能**で、預入時にさかのぼって預入期間に応じた金利が適用される仕組みの固定金利商品です。

急激な金利の上昇が予想されるときは、適用金利の見直しにより金利上昇の恩恵が期待できる**変動金利商品**のほうが、投資する側にとっては有利な運用といえます。

利率や課税方法などの条件が同じであれば、利子が再投資されて元本に加えられる複利のほうが満期時の元利合計が多くなり、有利です。

(3)

C

1年複利の金融商品の満期時の元利合計額は、以下の算式で計算できます。

$$元利合計額＝元本 \times \left(1+\frac{年利率}{100}\right)^{年数}$$

この設問のケースでは、

$$元利合計額＝2,000,000円 \times \left(1+\frac{2}{100}\right)^{3}$$

$$＝2,122,416円$$

(3)

A

大口定期預金は、**最低1,000万円**の預入金額が必要で、**固定金利**かつ単利であるのが一般的です。

(2)

C

最低預入金額が1,000万円の大口定期預金は、マル優を利用することができません。

8 期間2年の金利を年率2％（1年複利）と仮定すると、2年後に受け取る1万円の現在価値は（　　　）となる。

（1）9,600円　（2）9,612円　（3）9,800円

❸ 債券投資

一問一答問題

1 表面利率2.0％、残存期間5年の10年物長期国債を、額面100円当たり101円で、額面100万円分購入した場合、毎年支払われる利子は、2万200円（税引前）である。

2 個人向け国債（変動金利型10年）は購入して2年経過後から換金が可能であるが、換金に当たって、直近2回分の税引前利子相当額の手数料が発生する。

3 債券の信用度は、格付会社によって、AAA（トリプルA）やAA（ダブルA）などの記号で表わされ、格付けがBBB（トリプルB）以下の債券は、投機的債券である。 **よく出る**

4 残存期間や表面利率等の他の条件が同一であれば、通常、高い信用格付を付された債券は、低い信用格付を付された債券に比べて債券価格が低く、利回りが高い。

三肢択一問題

5 表面利率0.1％、償還年限5年の固定利付債券を、額面100円当たり101円で購入した場合の応募者利回り（単利）は、（　　　）である。なお、答えは表示単位の小数点以下第3位を四捨五入している。 **よく出る**

（1）－0.89％

（2）－0.10％

（3）　0.30％

現在価値となる金額をXとすると、X×（1＋0.02）^{2}＝10,000円の式が成り立ちます。逆算によってXを求めると、**9,612円**（円未満は、四捨五入）となります。

債券の利子は、その債券の購入金額に係わらず額面金額に対して計算します。設問の場合、表面利率2.0％の10年物長期国債を額面100万円分購入したので、毎年受け取ることができる利子は**2万円**（税引前）となります。
　100万円×2％＝20,000円（税引前）

個人向け国債（変動金利型10年）は購入して**1年経過後から換金が可能**であり、直近2回分の税引前利子から税金相当分を差し引いた額の手数料（中途換金調整額）が必要となります。

格付けが BBB（トリプルB）以上の債券は投資適格債、**BB（ダブルB）以下**の格付けの債券は投機的格付債に区別されます。

信用格付とは、債券の信用力を AAA（トリプルA）などの簡単な記号で表すもので、**信用格付が高いほど**発行体である企業の信用力が高いため**債券価格は高く**なります。債券価格が高くなると、償還差益などは少なくなり、債券の利回りは低くなります。

債券の応募者利回りは、新発債を購入して満期まで保有した場合の利回りで、以下の算式で求めることができます。

$$応募者利回り（\%）＝\frac{表面利率＋\dfrac{額面金額－発行価格}{償還年限}}{発行価格}×100$$

$$＝\frac{0.1＋\dfrac{100円－101円}{5年}}{101円}×100$$

≒ **－0.10%**（小数点以下第3位は、四捨五入）

6 表面利率2.0%、残存期間5年の債券を額面100円当たり98円で購入し2年後に99円で売却した場合の所有期間利回りは（　①　）%となる。また、売却せずに満期まで保有し続けた場合の（　②　）は2.45%となる。なお、計算に当たって、%表示における小数点以下第3位を四捨五入すること。

よく出る

(1) ① 2.25　② 所有期間利回り
(2) ① 2.55　② 最終利回り
(3) ① 2.54　② 応募者利回り

7 債券に投資した後に、金利水準が上昇すると、その投資した債券の価格は（　①　）し、利回りは（　②　）。

(1) ① 下落　② 上がる
(2) ① 下落　② 下がる
(3) ① 上昇　② 上がる

❹ 株式投資

一問一答問題

1 成行注文と指値注文では、成行注文のほうが、売買が成立しやすい。

2 上場株式の立会時間内取引は、約定日当日から起算して3営業日目に売買代金の受渡しが行われる。**よく出る**

所有期間利回りとは、債券を満期償還まで持たずに時価(売却価格)で売却した場合の利回りであり、以下の算式で計算できます。

$$所有期間利回り(\%)=\frac{表面利率+\dfrac{売却価格-買付価格}{所有期間}}{買付価格}\times100$$

$$=\frac{2+\dfrac{99円-98円}{2年}}{98円}\times100≒\textbf{2.55\%}$$

(2)

A

時価(買付価格)で購入した債券を満期償還まで保有した場合の利回りは、最終利回りです。その算式は、以下のとおりです。

$$最終利回り(\%)=\frac{表面利率+\dfrac{額面金額-買付価格}{残存年限}}{買付価格}\times100$$

$$=\frac{2+\dfrac{100円-98円}{5年}}{98円}\times100≒2.45\%$$

債券価格は、市場金利の変動に伴って変動します。**金利が上昇すると債券価格は下落**し、金利が低下すると債券価格は上昇します。また、債券価格と利回りは反対の動きをするので、**債券価格が下落すると、利回りは上がります。**

(1)

A

成行注文は、値段を指定せず1,000株買いたい、売りたいという注文の出し方です。株式市場では、**成行注文が指値注文に優先して約定**するため、成行注文のほうが、売買が成立する可能性は高いですが、予想外の金額で約定することもあります。指値注文は金額を指定して注文し、その値段より不利な価格では売買しないという注文方法です。

上場株式の売買代金の受渡しは、約定日当日から起算して**3営業日目**に行われます。たとえば、月曜日に約定した場合、祝日等がなければ水曜日に売買代金の受け渡しを行います。

3 日経平均株価とは、東京証券取引所市場第一部に上場している全銘柄を対象とし、株価の権利落ちなどがあっても連続性を保つようにした修正平均株価である。 **よく出る**

☐☐

4 株式投資に関する評価指標の1つである配当性向は、株価に対する1株当たりの配当金の割合を示す指標である。

☐☐

三肢択一問題

5 上場株式の立会時間内取引では、取引単位は（　①　）単位と定められており、約定日の当日から起算して（　②　）営業日目に売買代金の受渡しを行う。 **よく出る**

☐☐

（1）① 単元株　② 4
（2）① 100株　② 4
（3）① 100株　② 3

6 （　　　　）は、東京証券取引所市場第一部に上場している内国普通株式の全銘柄を対象とした株価指数である。

☐☐

（1）日経平均株価
（2）東証マザーズ株価指数
（3）東証株価指数（TOPIX）

7 PERとは、株価と（　　　　）との関係から株価の割安性を判断する投資指標である。 **よく出る**

☐☐

（1）1株当たり純資産
（2）1株当たり配当金
（3）1株当たり純利益

日経平均株価は、東京証券取引所市場第一部に上場している代表的な225銘柄を対象とし、銘柄の入替えや株価の権利落ちがあっても平均値が連続するようにした修正平均株価です。一方、東証株価指数（TOPIX）は、東京証券取引所市場第一部に上場している**全銘柄を対象**とし、基準日の時価総額を100とした場合の**時価総額指数**です。

C

株式投資に関する評価指標の1つである配当性向は、その企業が税引き後、利益の何割を配当金として株主に還元したかを見る指標で、**当期純利益に対する配当金の割合**で表します。

> 株価に対する1株当たりの配当金の割合を示す指標は、配当利回りです。

B

上場株式の取引単位は**100株単位**です。また、売買代金の受渡しは、約定日の当日から起算して**3営業日目**です。

(3)

B

東京証券取引所市場第一部に上場している内国普通株式の**全銘柄を対象**として算出している株価指標は、**東証株価指数（TOPIX）**です。日経平均株価は、東京証券取引所市場第一部に上場している代表的な225銘柄を対象とした株価指数です。また、東証マザーズ株価指数は、東証マザーズに上場している全銘柄を対象とした株価指数です。

(3)

C

PER（株価収益率）とは、**1株当たり純利益**をもとに株価の割安性を見る投資指標で、株価を1株当たり純利益で割って求めることができます。

(3)

B

8 PBR とは、株価と（　　　　）との関係から株価の割安性を判断する投資指標である。 よく出る
□□
(1) 1株当たり純資産
(2) 1株当たり純利益
(3) 1株当たり配当金

9 下記の〈設例〉の数値をもとに計算すると、PER は（　①　）、PBR は
□□ （　②　）、配当利回りは（　③　）である。 よく出る

〈設例〉

資本金	500億円	純資産	1,000億円
当期純利益	50億円	発行済株式数	1億株
配当金	5億円	株価（時価）	1,000円

(1) ① 20倍　② 1倍　③ 0.5％
(2) ① 10倍　② 2倍　③ 0.25％
(3) ① 20倍　② 3倍　③ 1.0％

❺ 投資信託

一問一答問題

1 証券投資信託において、信託財産の運用の指図は投信委託会社が行うが、
□□ 信託財産の保管・管理は受託銀行が行う。

2 公社債を中心に運用されるファンドは、すべて公社債投資信託に該当する。
□□

3 パッシブ運用とは、日経平均株価や東証株価指数（TOPIX）などのベンチ
□□ マークを上回る収益の獲得を目指す運用を行うものである。 よく出る

PBR（株価純資産倍率）とは、**1株当たり純資産**をもとに株価の割安性を見た投資指標で、株価を1株当たり純資産で割って求めることができます。

$$1株当たり純利益 = \frac{当期純利益}{発行済株式数} = \frac{50億円}{1億株} = 50円$$

$$1株当たり純資産 = \frac{純資産}{発行済株式数} = \frac{1,000億円}{1億株} = 1,000円$$

$$1株当たり配当金 = \frac{配当金}{発行済株式数} = \frac{5億円}{1億株} = 5円$$

$$PER（倍）= \frac{株価}{1株当たり純利益} = \frac{1,000円}{50円} = 20倍$$

$$PBR（倍）= \frac{株価}{1株当たり純資産} = \frac{1,000円}{1,000円} = 1倍$$

$$配当利回り（\%）= \frac{1株当たり配当金}{株価} \times 100 = \frac{5円}{1,000円} \times 100 = 0.5\%$$

株式の投資指標は、公式をしっかり暗記しましょう。

証券投資信託では、受託銀行（信託銀行または信託業務を営む銀行）は**信託財産の保管・管理**を行い、投信（投資信託）委託会社は受託銀行に対しその**運用指図**を出します。

実際の運用が公社債中心でも、**約款上、株式の組入れが可能なものはすべて株式投資信託**に該当します。

パッシブ運用とは、あらかじめ定められた株価指数などの**ベンチマークに連動**することを目的とする運用スタイルで、インデックスファンドがその代表です。日経平均やTOPIXなどのベンチマークを上回る収益を目指す運用スタイルは、アクティブ運用といいます。

4
☐☐ 通常、投資信託を購入する際には（　　　）が必要であるが、購入時にこの（　　　）が不要な「ノーロードファンド」もある。

（1）購入時手数料

（2）運用管理費用

（3）購入時手数料と運用管理費用

5
☐☐ 投資信託は、ファンド設定後も随時購入可能な（　①　）型と、購入期間が当初の募集期間に限定されている（　②　）型に分類できる。（　③　）は、（　①　）型の公社債投資信託である。

（1）① 単位　② 追加　③ ETF

（2）① 追加　② 単位　③ MRF

（3）① 単位　② 追加　③ REIT

6
☐☐ （　①　）は、証券総合口座の専用ファンドである。申込単位が（　②　）となっているほか、解約は（　③　）であり、流動性が高く普通預金に近い機能を持っているが、公社債投資信託の一種であり元本は保証されていない。

（1）① ETF　② 1,000円単位　③ 6ヵ月経過後はペナルティなしで可能

（2）① MMF　② 100円単位　③ 1ヵ月経過後はペナルティなしで可能

（3）① MRF　② 1円単位　③ いつでもペナルティなしで可能

7
☐☐ 投資信託の分類において、将来的に成長が見込める企業を狙って投資していく運用手法を（　　　）という。　**よく出る**

（1）パフォーマンス投資　（2）グロース投資　（3）バリュー投資

ノーロードファンドとは**購入時手数料**がかからない投資信託のことです。ノーロードファンドであっても、運用管理費用は一般の投資信託と同様に負担する必要があります。

投資信託は、ファンド設定後も**随時購入可能な追加型**と、**購入期間が当初募集期間に限定されている単位型**に分類できます。**MRF**は、追加型公社債投資信託です。

証券会社の短期公社債の口座を利用して、支払代金の決済、給与振込、年金入金などができる口座を、証券総合口座といいます。**MRF**（マネー・リザーブ・ファンド）は、証券総合口座で利用される商品で、**いつでも購入や換金が可能**ですが、一般的に、利回りは低くなっています。申込単位は**1円**です。

📖 ETF、MRF と MMF

ETF（上場投資信託）	・日経平均や東証株価指数などの指標に連動する投資信託 ・上場しており、株価と同じく時価で売買可能
MRF（マネー・リザーブ・ファンド）	・証券総合口座用の投資信託 ・いつでもペナルティなしで換金可能 ・毎日決算を行い、分配金は月末にまとめて再投資
MMF（マネー・マネージメント・ファンド）	・短期国債などの公社債を中心に運用 ・30日未満の解約にはペナルティ ・毎日決算を行い、分配金は月末にまとめて再投資

将来的な成長が見込める銘柄に投資していく運用手法を、**グロース投資**といいます。これに対して、現在の資産価値や収益の水準などから考えて、株価が割安な水準であると判断される銘柄を選択し投資していく手法を、**バリュー投資**といいます。

❻ 外貨建て商品

一問一答問題

1 外貨建て商品を購入の際は、国内金融商品に比べて、一般的に、金利が高めではあるが、為替リスクがあり、元本割れを生じる可能性があることを考慮しなければならない。

2 外貨預金に預け入れるために、預金者が円貨を外貨に換える場合に適用される為替レートは、預入金融機関が提示する TTS である。 **よく出る**

三肢択一問題

3 外貨建て MMF は外貨で運用される（ ① ）投資信託のことであり、換金をする際は、（ ② ）。
（1）① 公社債　② 30日未満の解約時には信託財産留保額が差し引かれる
（2）① 公社債　② いつでもペナルティなしで換金が可能である
（3）① 株式　　② 30日未満の解約時には信託財産留保額が差し引かれる

4 外国債券のうち、元本の払込みと利払いを円貨、償還金の支払いを外貨で行うものを（　　　）という。
（1）デュアル・カレンシー債
（2）リバース・デュアル・カレンシー債
（3）サムライ債

❼ ポートフォリオ運用

一問一答問題

1 資産運用におけるアセット・アロケーションとは、資産クラスの分散投資をいい、ポートフォリオとは、複数の銘柄への分散投資をいう。

2 2資産で構成されるポートフォリオにおいて、2資産間の相関係数が1であるとき、ポートフォリオのリスク低減効果は最大になる。 **よく出る**

ドル建て商品を例にとると、預入時に1ドル＝120円で、換金時に1ドル＝110円のように為替レートが円高に推移すると、1ドルにつき10円の為替差損が発生します。外貨預金であっても、**円ベースでの元本保証はない**ので、為替リスクに注意する必要があります。

外貨預金に預け入れる場合、預金者は円貨を外貨に換える必要があります。その際に適用される為替レートは、金融機関が提示する**TTS（対顧客電信売相場）**です。

外貨建てMMFは**公社債投資信託**であり、**いつでもペナルティなしで換金が可能**です。他の外貨建て商品と比べて比較的リスクは低いですが、外貨建てであるため、為替の変動によって、為替差損や、元本割れのリスクがあります。

(2)

外国債券のうち、元本の払込みと利払いを円貨、償還金の支払いを外貨で行うものは**デュアル・カレンシー債**です。

(1)

リバース・デュアル・カレンシー債は、払込金と償還金が円貨、利払いが外貨です。

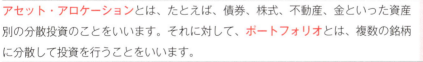

アセット・アロケーションとは、たとえば、債券、株式、不動産、金といった資産別の分散投資のことをいいます。それに対して、**ポートフォリオ**とは、複数の銘柄に分散して投資を行うことをいいます。

相関係数とは、2つの資産の値動きの関係性を表すもので、**相関係数が－1のとき**、2資産は全く逆の値動きをするため、ポートフォリオの**リスク低減効果は最大**になります。相関係数が1のとき、2資産は全く同じ値動きをするため、ポートフォリオのリスク低減効果はありません。

3 2資産で構成されるポートフォリオにおいて、2資産間の相関係数が（　①　）である場合、両資産が（　②　）値動きをするため、理論上、分散投資によるリスク低減効果が得られない。**よく出る**

（1）① −1 ② 逆の　　　（2）① 0 ② 逆の　　　（3）① +1 ② 同じ

4 資産Aと資産Bの値動きの相関の度合いを数値化したものを「相関係数」というが、その値が（　　　）のとき、資産Aと資産Bは、全く逆の動きをする。

（1）+1　　（2）0　　（3）−1

⑧ 金融商品と税金

1 株式の譲渡益は、申告分離課税の譲渡所得であるため、原則として、確定申告が必要である。

2 公募株式投資信託の普通分配金は、所得税および復興特別所得税、住民税の合計で20.315％の税率で課税の対象となり、元本払戻金（特別分配金）は、非課税となる。

3 つみたてNISAは、1月1日現在で20歳以上の居住者を対象に、年間40万円までの新規投資に対して、最長20年間、非課税の適用を受けられる制度である。**よく出る**

相関係数は、異なる2資産の値動きの関連性を表すものであり、**相関係数が＋1で**ある場合、異なる2資産は**同じ値動き**をするため、分散投資によるリスク低減効果は得られません。相関係数が－1のとき、異なる2資産は全く逆の値動きをするため、分散投資によるリスク低減効果は最大となります。

(3)
B

相関係数は、－1と＋1の間の数値をとります。－1に近いほどリスク低減効果は大きく、**－1**であれば2つの資産は全く反対の動きをとります。逆に＋1であれば、2つの資産は全く同じ動きをすることになり、リスク低減効果はありません。0のとき、2つの資産は全く関係のない動きをします。

(3)
B

株式の譲渡益は**申告分離課税**なので、原則、**確定申告が必要**です。ただし、源泉徴収ありの特定口座を通じて売却した場合は、税金相当分が源泉徴収されるため確定申告は不要です（確定申告をすることもできます）。

〇
B

公募株式投資信託の収益分配金は普通分配金と元本払戻金（特別分配金）に分けられます。**普通分配金**は、配当所得に該当し、20.315％の税率で**課税の対象**となりますが、**元本払戻金（特別分配金）は非課税**です。

〇
A

つみたてNISAの対象は、1月1日現在で**満20歳以上の国内居住者**で、**年間40万円**までの新規投資に対して、最長**20年間**、分配金や譲渡益が非課税となる制度です。つみたてNISAの対象となる商品は、金融庁が定める一定の要件を満たした公募株式投資信託、ETFです。

 NISA のまとめ

〇
B

	一般 NISA	つみたて NISA
対象者	20歳以上の国内居住者	20歳以上の国内居住者
対象商品	上場株式、公募株式投資信託、ETF、J-REIT	一定の要件を満たした公募株式投資信託、ETF
非課税枠	120万円	40万円
非課税期間	最長5年	最長20年

4
□□
財形年金貯蓄制度を利用して預入れを行った場合、60歳未満で会社を早期退職したことによる払出しは、年金形式によるものであれば非課税の適用を受けることができる。

5
□□
利付債の課税関係について、利子、譲渡益、償還差益については（　　　　）となっている。
（1）雑所得として総合課税
（2）20.315％の申告分離課税
（3）非課税

6
□□
公募株式投資信託の分配金には普通分配金と元本払戻金（特別分配金）があり、元本払戻金の課税関係は（　　　　）となる。
（1）非課税　（2）10.21％の源泉徴収　（3）20.315％の源泉徴収

7
□□
つみたて NISA 勘定の年間の非課税限度額は（　①　）で、その非課税期間は最長で（　②　）となる。**よく出る**
（1）① 40万円　　② 20年間
（2）① 80万円　　② 10年間
（3）① 120万円　② 5年間

⑨ セーフティネット

1
□□
スーパー定期、ヒット、外貨預金は、預金保険制度の保護の対象となる金融商品である。

2
□□
決済用預金とは、無利息、要求払い、決済サービスを提供できるという3つの要件をすべて満たした預金をいい、銀行等の金融機関の破綻に当たって、預金保険制度により、その全額が保護の対象となる。**よく出る**

財形年金貯蓄は、**60歳以降の年金資金の積立て**を要件に非課税の適用を受けられる制度であり、会社を早期退職した場合でも60歳未満で引き出すと、課税扱いになってしまいます。

× C

利付債とは、利子が毎年決まった時期に支払われる債券のことで、個人投資家の場合、利付債の利子、譲渡益、償還差益は、原則として、**20.315%の申告分離課税**扱いとなります。

(2) B

投資信託の**元本払戻金（特別分配金）**は、投資元本の一部が分配されたと考えられるので、**非課税**です。なお、公募株式投資信託の普通分配金は配当所得として20.315%が源泉徴収されます。

(1) A

つみたてNISA勘定では、**年間40万円**までの新規投資について、**最長20年間**、**非課税**の適用を受けることができます。

> 対象となる商品は、金融庁が定める要件を満たした、長期投資に適している公募株式投資信託とETF（上場投資信託）です。

(1) B

信託銀行のヒットは、元本補てん契約のない金銭信託であるため、預金保険制度の保護の対象となりません。また、**外貨預金も預金保険制度の対象外**の商品です。

× B

預金保険制度による保護は、一般預金等の場合1人1金融機関当たり元本1,000万円までとその利息が対象ですが、**決済用預金**については、預入額に係わらず**全額が保護**の対象となります。決済用預金とは、「無利息、要求払い、決済サービスを提供できる」という3つの要件をすべて満たした預金のことで、当座預金などが該当します。

○ B

3 JA（農業協同組合）等の金融機関が破綻した場合は、農水産業協同組合（　①　）保険制度で保護される。分別管理を怠っている証券会社が経営破綻し、預かり資産が返還されない場合には（　②　）者保護基金が、1投資家当たり1,000万円まで顧客資産の補償に応じる。

（1）① 貯金　② 投資

（2）① 預金　② 貯金

（3）① 投資　② 預金

⑩ 関連法規

1 金融商品取引法に定める適合性の原則により、金融商品取引業者等は、金融商品取引行為について、顧客の知識、経験、財産の状況および金融商品取引契約を締結する目的に照らして、不適当な勧誘を行ってはならないとされている。**よく出る**

2 金融商品販売法では、金融商品販売業者の説明義務違反で顧客が損害を被った場合、顧客はその契約を取り消すことができる。

3 消費者契約法では、消費者が事業者の行為により誤認、困惑した状態で契約した場合などに、その契約を取り消すことができ、取消権の行使期間は1年となっている。

4 （　　　）は、証券会社、金融先物取引業者など対象業者の名称を金融商品取引業者に改め、これらの業者を横断的に規制することができるようにした法律である。

（1）金融商品販売法

（2）金融商品取引法

（3）消費者契約法

銀行等の金融機関が破綻した場合、預金保険制度により一定金額が保護されます。JA（農業協同組合）、漁業協同組合等の貯金は、**農水産業協同組合貯金保険制度**により、預金保険制度と同様に保護されます。**投資者保護基金**による投資家保護は、証券会社が破綻した際に資産が速やかに返還されない場合、投資家1人当たり1,000万円まで補償されることになっています。

金融商品取引法では、金融商品取引業者等は、「金融商品取引行為について、顧客の知識、経験、財産の状況及び金融商品取引契約を締結する目的に照らして不適当」な勧誘を行ってはならないことが規定されています。これを**適合性の原則**といいます。

 C

金融商品販売法では、金融商品販売業者の説明義務違反で顧客が損害を被った場合に、**損害賠償の請求**ができることが定められています。契約を取り消すことができるのは消費者契約法であり、適用の対象となるのは、事業者が消費者を誤認・困惑させ、契約した場合などとなっています。

 C

消費者契約法では、事業者の行為により消費者が誤認、困惑したなど、不当な勧誘で締結した契約は、取消しできると定められています。**取消権の行使期間は1年間**です。

 B

金融商品取引法は、証券取引法を母体として2007年9月30日に施行された法律で、投資家保護の観点から、対象となる業者（金融商品取引業者）を横断的に規制することができるようにした法律です。

(2)

B

金融商品取引法で定められている主な内容には、「適合性の原則」「契約締結前の書面交付義務」などがあります。

実技試験対策

株式の問題を
得点源にしましょう。

協会|資産 は日本FP協会の資産設計提案業務に、金財|個人 は金財の個人資産相談業務に対応した問題を示しています。

第1問 次の設例に基づいて、下記の各問（1〜4）に答えなさい。

協会|資産　金財|個人

設例

　会社員の川村さん（29歳）は、新聞やテレビで経済ニュースを見るたびに、今後の生活に不安を感じるようになった。そこで、景気や資産運用について勉強したいと思った。

1 下記は、経済用語についてまとめた表である。下表の空欄（ア）〜（ウ）に入る用語に関する次の記述のうち、最も不適切なものはどれか。

経済用語	主な内容
（　ア　）	消費者が購入するモノとサービスの価格変動を時系列的に捉えた指標で、総務省が毎月公表している。
（　イ　）	企業間で取引される商品価格の変動を捉えた指標で、日本銀行が毎月公表している。
（　ウ　）	生産や雇用などの状況を表すさまざまな指標の動きを統合して、景気の現状の把握と将来の予測のために内閣府が公表する指標である。

（1）空欄（ア）に入る用語は、「消費者物価指数」である。

（2）空欄（イ）に入る用語は、「企業物価指数」である。

（3）空欄（ウ）に入る用語は、「日銀短観（全国企業短期経済観測調査）」である。

2 個人向け国債に関する下表の空欄（ア）～（ウ）に関する次の記述のうち、最も不適切なものはどれか。 **よく出る**

償還期限	10年	5年	3年
金利	（ ア ）金利	固定金利	固定金利
発行月	毎月（年12回）		
購入単位	1万円以上1万円単位		
利払い	年2回		
金利設定方法	基準金利×0.66	基準金利−0.05％	基準金利−0.03％
金利の下限	（ イ ）％		
中途換金	原則として、発行から（ ウ ）経過しなければ換金できない		

（1）空欄（ア）にあてはまる語句は「変動」である。

（2）空欄（イ）にあてはまる語句は「0.05」である。

（3）空欄（ウ）にあてはまる語句は「2年」である。

3 下記〈資料〉に基づく株式の投資尺度に関する次の記述のうち、最も適切なものはどれか。 **よく出る**

〈資料〉

株価	3,000円
1株当たり年間配当金	70円
1株当たり純利益	120円
1株当たり純資産	2,400円

（1）株価収益率（PER）は、「120円÷3,000円×100＝4％」である。

（2）株価純資産倍率（PBR）は、「2,400円÷3,000円＝0.8倍」である。

（3）配当利回りは、「70円÷3,000円×100≒2.33％」である。

4 川村さんが取引のある JK 銀行（日本国内に本店のある普通銀行）に預けている預金の内訳が下記〈資料〉のとおりである場合、JK 銀行の破綻に当たって、預金保険制度により保護される元本（最大金額）に関する次の記述のうち、最も不適切なものはどれか。

〈資料〉

決済用預金	500万円
円定期預金	1,500万円
円普通預金（利息付き）	700万円
外貨預金	600万円

※川村さんは JK 銀行において借入はない。

（1）決済用預金については、500万円が全額保護される。

（2）円定期預金および円普通預金（利息付き）については、合算して2,000万円までが保護される。

（3）600万円の外貨預金については、預金保険制度による保護の対象にはならない。

1　正解（3）　C

（1）適切。消費者が購入するモノやサービスの価格変動を時系列的に捉えた指標は消費者物価指数で、総務省が毎月公表しています。

（2）適切。企業間取引の際の商品価格の変動を捉えた指標は企業物価指数で、日本銀行が毎月公表しています。

（3）不適切。生産、雇用などさまざまな経済活動での重要かつ景気に敏感に反応する指標の動きを統合することで、景気の現状把握および将来予測に資する指標は、景気動向指数です。

2　正解（3）　B

（1）適切。個人向け国債には、10年満期、5年満期、3年満期の3種類があり、10年満期は変動金利ですが、5年満期、3年満期は固定金利です。

（2）適切。個人向け国債は、10年物、5年物、3年物のいずれも、適用金利には0.05％の最低保証があります。

（3）不適切。個人向け国債は、発行から1年間は換金することができません。1年経過後は、政府が額面金額で買い取ることにより換金することができます。

個人向け国債の種類と特徴

	変動10年	固定5年	固定3年
満期	10年	5年	3年
金利	変動金利 （6ヵ月ごとに適用利率を見直し）	固定金利	固定金利
適用利率	基準金利×0.66 最低保証0.05％	基準金利－0.05％ 最低保証0.05％	基準金利－0.03％ 最低保証0.05％
購入単位	1万円以上1万円単位（額面金額で発行される）		
対象者	個人のみ		
発行時期	毎月		
換金	発行後1年間は中途換金禁止。発行後1年経過すれば、中途換金調整額（直近2回分の税引後利子相当額）を支払うことで、額面での換金が可能		

3
金融資産運用

実技

3 正解（3） A

（1）不適切。株価収益率（PER）は、以下の算式で計算することができます。

$$PER(倍) = \frac{株価}{1株当たり純利益} = \frac{3,000円}{120円} = 25倍$$

（2）不適切。株価純資産倍率（PBR）は、以下の算式で計算することができます。

$$PBR(倍) = \frac{株価}{1株当たり純資産} = \frac{3,000円}{2,400円} = 1.25倍$$

（3）適切。配当利回りは、以下の算式で計算することができます。

$$配当利回り(\%) = \frac{1株当たり配当金}{株価} \times 100$$

$$= \frac{70円}{3,000円} \times 100 \fallingdotseq 2.33\%$$

4 正解（2） B

（1）適切。預金保険制度は、国内に本店のある銀行等の金融機関が破綻した際のセーフティネットで、「無利息・要求払い・決済サービスを提供できる」という3つの要件をすべて満たす決済用預金は、預入金額に係わらず全額保護の対象となります。〈資料〉の決済用預金については、500万円が全額保護されます。

（2）不適切。預金保険制度では、決済用預金以外の一般預金等は、元本1,000万円までと、その利息が保護の対象となります。

（3）適切。預金保険制度の対象となる金融機関に預け入れた預金等であっても、預金保険制度の保護の対象とならない商品があります。外貨預金や譲渡性預金（CD）、元本補てん契約のない金銭信託などは保護の対象外です。

> 預金保険制度で全額保護の対象になる決済用預金とは、「無利息・要求払い・決済サービスを提供できる」という3つの要件をすべて満たす預金です。

次の設例に基づいて、下記の各問（ 5 ～ 7 ）に答えなさい。

協会｜資産 金財｜個人

設例

　会社員の亀山さん（36歳）は、昨今の金利の低さから、自己資金を投資型金融商品で運用することを検討している。ただし、有価証券への投資は初めてであることから、リスクが比較的小さいと思われる債券への投資を検討している。

5 債券相場と、その変動要因に関する次の記述のうち、最も不適切なものはどれか。

（1）景気が悪くなると、日本銀行は、金利を引き下げて景気を刺激しようとするので、債券相場にとっては価格の下落要因となる。

（2）将来の円高が見込まれれば、海外資金が国内債券市場に流入し、国内金利の低下要因になるため、債券相場は上昇する。

（3）海外金利の低下は、国内債券市場への資金流入につながることから、債券相場は上昇する。

6 個人向け国債に関する次の記述のうち、最も不適切なものはどれか。
よく出る

（1）購入は1万円単位で、個人のみが購入できる。

（2）10年物は変動金利だが、5年物は固定金利である。

（3）個人向け国債は、いつでも途中換金できる。

7 亀山さんは、額面金額100円、利率4.0％、残存期間4年の債券を市場価格96円で購入した。亀山さんがこの債券を満期償還まで持つ場合の最終利回りとして正しいものは次のうちどれか。なお、解答は小数点以下第4位を四捨五入して求めるものとする。**よく出る**

（1）4.286％

（2）5.208％

（3）5.321％

3

金融資産運用

実技

5　正解（1）　B

（1）不適切。景気が悪化すると、日本銀行は、景気を刺激するため、金融政策によって金利を引き下げようとします。**金利が低下すれば、債券価格は上昇する**ため、債券相場にとっては債券価格の上昇要因となります。

（2）適切。**為替相場が円高に推移**すると、海外の資金が為替差益を期待して国内債券市場に流入してくることから、債券需給が引き締まり、**債券価格の上昇**につながります。

（3）適切。**海外金利が低下**すると、海外と日本の金利格差によって海外の資金が国内の債券市場へ流入するため、**債券価格が上昇**する要因となります。

6　正解（3）　B

（1）適切。一般的な国債は、額面5万円単位で購入できますが、**個人向け国債は1万円単位で購入可能**です。

（2）適切。**10年物の個人向け国債は半年ごとに見直される変動金利**ですが、5年物、3年物の個人向け国債は固定金利です。

（3）不適切。個人向け国債は**1年間の据置期間**が設けられており、据置期間が過ぎれば額面金額で中途換金することが可能です。

7　正解（2）　A

　最終利回りとは、既発債を時価（買付価格）で購入し、満期償還まで保有した場合の利回りであり、以下の算式で計算することができます。

$$最終利回り(\%) = \frac{表面利率 + \dfrac{額面 - 買付価格}{残存期間}}{買付価格} \times 100$$

$$= \frac{4 + \dfrac{100 - 96}{4}}{96} \times 100 ≒ 5.208\%$$

第3問 次の設例に基づいて、下記の各問（ 8 ～ 10 ）に答えなさい。

協会｜資産　金財｜個人

> **設例**
>
> 　会社員の小山さん（40歳）は、年収600万円である。家族は妻と子供2人と小山さんの両親である。住宅は両親の家の敷地内に建築してもらったので、住宅ローンの負担はない。今まで余裕資金を確実性の高い貯蓄型商品で運用していたが、低金利が当分続くと思われるので、株式、外貨建て商品、投資信託等の投資型金融商品に投資したいと考え、金融商品について勉強を始めた。

8 　株式投資に関する次の記述の空欄に入る語句の組合せとして、（1）～（3）のうち最も適切なものはどれか。

　投資する株式の銘柄を選択する際には、株価収益率（PER）や株価純資産倍率（PBR）などの投資指標から、現在の株価の水準が割高なのか割安なのかを考えることが大切である。

　また、株主への利益還元は、配当利回りや配当性向といった投資指標から検討することができる。配当利回りとは、（　①　）を（　②　）で除して求められ、配当性向とは（　①　）を（　③　）で除して求められる。

（1）① 株価　　　　　　② 1株当たり配当金　③ 1株当たり純利益
（2）① 1株当たり配当金　② 株価　　　　　　③ 1株当たり純資産
（3）① 1株当たり配当金　② 株価　　　　　　③ 1株当たり純利益

9 　外貨建て商品に関する次の記述のうち、最も不適切なものはどれか。

（1）外貨預金には、普通預金・当座預金・定期預金などの種類があるが、普通預金・当座預金は、そのときの為替レートで、いつでも引き出すことができる。

（2）先物予約付外貨預金は、払戻時の円貨転換レートがあらかじめ決められているので、実質利回りが確定しているといえる。

（3）外貨建て商品は、購入時と比べて為替レートが円安に推移したときに売却すると、為替差損が発生する。

10 投資信託に関する次の記述の空欄に入る語句の組合せとして、次のうち最
□□ も適切なものはどれか。

　投資信託では、（　①　）と呼ばれる一般投資家の小口資金を集めて、1
つの大きな資金にまとめ、そのまとめた資金の運用を（　②　）会社の運用
の専門家であるファンドマネージャーが行う。ファンドマネージャーは、効
率的な資金の運用を目指す一方で、（　③　）回避を目的とした（　④　）
投資を行っている。

---

(1) ① 受益者　② 投資信託受託　③ 元本割れ　④ 分散
(2) ① 委託者　② 投資信託委託　③ リスク　　④ 集中
(3) ① 受益者　② 投資信託委託　③ リスク　　④ 分散

第3問の解答と解説

8 正解（3） B

配当利回りと配当性向は、株式投資について配当金をもとに判断する指標で、それぞれ以下の公式で求められます。

$$配当利回り(\%) = \frac{1株当たり配当金}{株価} \times 100$$

$$配当性向(\%) = \frac{1株当たり配当金}{1株当たり純利益} \times 100$$

9 正解（3） B

（1）適切。外貨預金には、普通預金や当座預金、定期預金などの種類があり、普通預金や当座預金は円預金と同様に、いつでも、そのときの為替レートで換金することができます。

（2）適切。**先物予約**とは、ある時に、**外貨定期預金などの為替レートを固定する**ことで、先物予約を付した時点で実質利回りが確定すると考えることができます。

（3）不適切。外貨建て商品は、為替相場の変動の影響を受けます。為替レートが円安に推移するということは、たとえば1ドル＝100円だったものが1ドル＝110円に推移するということで、**為替レートが円安に推移したときに売却すると為替差益を得る**ことができます。

10 正解（3） C

投資信託では、**受益者**と呼ばれる一般投資家の小口資金を集めて、1つの大きな資金にまとめ、それを**投資信託委託会社**の運用の専門家であるファンドマネージャーが運用します。ファンドマネージャーは、効率的な資金の運用で収益を追求しながらも、**リスク回避**を目的とした**分散投資**を行っています。

次の設例に基づいて、下記の各問（ 11 ～ 13 ）に答えなさい。

協会 | 資産 金財 | 個人

設例

定年退職したＡさんは、退職金の一部を老後の資金として投資信託で運用したいと考えている。そこでFP事務所を訪れて、アドバイスを受けた。

11 **投資信託のコストに関する次の記述のうち、最も不適切なものはどれか。**

（1）投資信託の購入時には、必ず購入時手数料がかかり、手数料のかからないものはない。

（2）信託財産留保額は、投資家が投資信託を換金する際に負担するコストであり、継続して保有する投資家との公平性を保つものである。

（3）運用管理費用（信託報酬）は、投資信託を保有する投資家が負担するコストであり、信託財産から差し引かれるものである。

12 **投資信託のリスクに関する次の記述のうち、最も不適切なものはどれか。**

（1）信用リスクとは、投資対象の株式や債券などが、希望する価格で売却できないリスクのことである。

（2）為替変動リスクとは、為替相場の変動により、投資対象の外貨建て資産の円換算における価値が変動するリスクのことである。

（3）価格変動リスクとは、投資対象の株式や債券などの価格が、企業業績や金利動向により変動するリスクのことである。

13 投資信託に関する次の記述の空欄に入る語句の組合せとして最も適切なものはどれか。 よく出る

インデックスファンドは株価指数を（ ① ）として、できるだけ、その株価指数に連動することを目指して、機械的に運用をするが、このような運用手法を（ ② ）運用という。

また、投資信託の中には、不動産を運用対象とし、証券取引所で売買が行われているものもある。この不動産投資信託のことを、一般的に、（ ③ ）という。

（1）① ポートフォリオ　② パッシブ　　③ ETF
（2）① ベンチマーク　　② パッシブ　　③ J-REIT
（3）① ベンチマーク　　② アクティブ　③ J-REIT

第4問の解答と解説

11 正解（1） B

（1）不適切。**購入時手数料**は、**投資信託を購入するとき**に、購入金額に対して一定の率で支払うのが一般的ですが、委託者が販売会社を兼ねている場合など、購入手数料がかからない投資信託もあります。

（2）適切。**投資信託を換金する際**、組み入れている証券を売却して現金化しますが、その場合の売買手数料などのコストを、換金する投資家自身に負担してもらい、他の投資家との公平性を保つのが**信託財産留保額**です。

（3）適切。**運用管理費用（信託報酬）**は、**投資信託を保有する投資家**が、信託財産の運用や、管理・保管の見返りとして負担するコストで、信託財産から一定の割合で差し引かれるコストです。

12 正解（1） C

（1）不適切。**信用リスク**とは、債券等の発行主体である企業等の財務状況の悪化等により、**利息の支払いや償還が予定どおりに行われないリスク**のことをいいます。

（2）適切。**為替変動リスク**とは、**為替レートの変動により円換算の価値が変動するリスク**をいいます。

（3）適切。**価格変動リスク**とは、株式や債券等に投資をした際に、その価格が変動するリスクをいいます。

13 正解（2） B

インデックスファンドは株価指数を**ベンチマーク**として、できるだけその株価指数に連動することを目指して機械的に運用をするもので、このような運用手法を**パッシブ運用**といいます。

また、証券取引所で売買されている不動産を運用対象とした投資信託を**J-REIT（上場不動産投資信託）**といいます。

次の設例に基づいて、下記の各問（ 14 ～ 16 ）に答えなさい。

協会 | 資産 　金財 | 個人

設例

　会社員のBさん（59歳）は、今年、定年退職の予定である。これまで積極的に投資を行ったことがなかったが、退職を前に、資産運用について勉強し、株式や投資信託等の購入を検討しようと思っている。なおBさんには住宅ローンを払い終わった持ち家があり、老後の収入としては公的年金のみである。BさんはFPのMさんにアドバイスを受けた。

14　FPのMさんが、**退職金の運用について行ったアドバイス**として、最も不適切なものはどれか。

（1）上場不動産投資信託（J-REIT）は、債券や株式と異なる値動きをする金融商品であるので、リスクを分散させるためにポートフォリオへの組入れを検討するよう勧めた。

（2）公社債投資信託は、元本保証の金融商品であるため、退職金などの運用の中心にするようアドバイスした。

（3）Bさんは株式投資への関心も深く、また、Bさんの老後の必要生活資金を試算してみた結果、十分に資金の余裕が見込まれたので、その余剰資金の一部をアクティブ運用型の株式投資信託へ投資してみてはどうかとアドバイスした。

15　**追加型の国内公募株式投資信託の収益分配金**に関する次の記述のうち、最も不適切なものはどれか。

（1）収益分配金を受け取った場合、分配金（普通分配金）から源泉徴収されるので、確定申告をする必要はない。

（2）収益分配金を受け取った場合、申告分離課税を選択すれば、配当控除の適用を受けることができる。

（3）1口当たり9,000円の基準価額で購入した投資信託に対して、収益分配金が2,000円支払われ、分配後の基準価額が7,000円であった場合、受け取った収益分配金2,000円に対しては、一切課税されない。

3

金融資産運用

実技

127

ポートフォリオ運用に関する次の記述のうち、最も不適切なものはどれか。

（1）ポートフォリオとは投資家の保有する金融資産の全体、あるいはその組合せのことをいう。

（2）2つの資産の相関係数が0であれば、2つの資産は全く反対の動きをする。

（3）アセットアロケーションとは、運用資産の総額を株式・債券・現金・不動産等の資産別に配分すること、またはその組合せをいう。

第5問の解答と解説

14 正解（2） B

（1）適切。**上場不動産投資信託（J-REIT）**とは投資家から集めた資金を、オフィスビルやファッションビルなどに投資し、テナント料などを配当金として投資家に分配するタイプの投資信託です。投資対象が不動産であることから、株式や債券とは異なる値動きをするため、ポートフォリオへ組み入れることにより、リスクの分散を図ることができます。

（2）不適切。公社債投資信託は、比較的安全性の高い金融商品であるといえますが、元本が保証されている商品ではなく、**元本割れを起こす可能性**はあります。

（3）適切。**アクティブ運用**とは、ファンドマネージャーなどが、独自の相場観や、個別企業の調査、テクニカル分析などに基づいた判断で**積極的に資産を運用し、高い収益を目指す**タイプの投資信託です。当然、リスクも高くなりますが、生活資金に十分な余裕があれば、アクティブ運用型のファンドへの投資も検討の対象となります。

15 正解（2） A

追加型投資信託の収益分配金にかかる税金は、**個別元本**という購入時の基準価額をもとにして、**普通分配金（投資元本を上回った運用収益部分）に対して20.315％が徴収**されます。なお分配金支払い後の基準価額が個別元本を下回っている場合、支払われた分配金のうち個別元本を下回る部分については**元本払戻金（特別分配金）**として、投資元本の払戻しとみなされ**非課税**となります。

（1）適切。公募株式投資信託の収益分配金（普通分配金）は、**配当所得**に該当し、20.315％が源泉徴収されるため、確定申告は不要です。

（2）不適切。公募株式投資信託の収益分配金は、**申告不要を選択**することができますが、**確定申告をして総合課税**、または**申告分離課税を選択**することもできます。総合課税を選択した場合は配当控除の適用があり、申告分離課税を選択すると上場株式等の譲渡損失との通算ができます。

（3）適切。設問の場合、収益分配金を受け取ることで、基準価額が当初購入した9,000円を下回ってしまうため、収益分配金2,000円の全額が元本払戻金（特別分配金）とみなされ非課税となります。

金融資産運用

実技

129

| 16 | 正解 **（2）** | **B** |

（1）適切。最適なポートフォリオを作ることは、投資におけるリスクの低減と運用の効率をあげることにつながります。

（2）不適切。**相関係数が−1のとき、2つの資産は全く逆の動きをする**ため、ポートフォリオのリスク低減効果は最大になります。相関係数が0のとき、2つの資産の値動きは全く関係がありません。

（3）適切。**アセットアロケーション**とは、運用資産を株式、債券、不動産などの**資産別に配分する**ことをいいます。一般的に運用の成果は、アセットアロケーションによる要因が大きいといわれています。

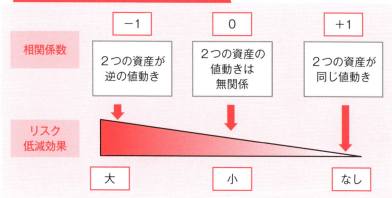

相関係数とリスク低減効果

	−1	0	+1
相関係数	2つの資産が逆の値動き	2つの資産の値動きは無関係	2つの資産が同じ値動き
リスク低減効果	大	小	なし

相関係数が−1であるとは、2つの資産が全く逆方向に値動きするということです。

第6問　次の設例に基づいて、次の各問（ 17 ～ 19 ）に答えなさい。

金財｜個人

設例

会社員のＣさん（54歳）は、東京証券取引所市場第一部に上場しているＸ社株式に投資したいと考えているが、リスクを軽減するために、国内の大手企業が発行するＹ社債（特定公社債）も保有したいと考えている。

そこで、Ｃさんは、ファイナンシャル・プランナーのＭさんに相談することにした。

〈Ｘ社に関する資料〉

総資産	9,000億円
自己資本（純資産）	2,500億円
当期純利益	150億円
年間配当金総額	45億円
発行済株式数	5億株
株価	900円
決算期	3月31日

〈Ｙ社債に関する資料〉

・発行会社　：　国内の大手優良企業

・購入価格　：　102円（額面100円当たり）

・表面利率　：　1.0％

・利払日　：　年1回

・残存期間　：　3年

・償還価格　：　100円

・格付　：　AA

※上記以外の条件は考慮せず、各問に従うこと。

17 Mさんは、CさんがX社株式に投資するに当たっての留意点を説明した。Mさんの説明に関する次の記述のうち、最も適切なものはどれか。

(1)「X社株式を購入する際は、証券会社に口座を開設して銘柄名や株数などを指定したうえで、買い注文を出す必要があります。売買代金の受渡しは、約定日当日から起算して4営業日目となります」

(2)「株価の相対的な割安性を判断する指標として、PERが用いられます。X社の場合、PERは1.8倍です」

(3)「企業は事業活動による利益を配当金として株主に還元します。配当性向は、企業の配当金の還元の度合いを見る指標で、X社の場合、配当性向は30％となります」

18 Mさんは、Cさんに対して、Y社債投資について説明した。Mさんの説明に関する次の記述のうち、最も不適切なものはどれか。

(1)「Y社債の利子は、利子所得として申告分離課税の対象となりますが、利子の支払い時に20.315％の税率で税金相当分が源泉徴収されるため、申告不要を選択することができます」

(2)「Y社債の格付はAA（ダブルA）なので、投資適格債とされますが、一般的に、BB（ダブルB）以下の場合は、投機的格付債とされるため、投資に当たっては、デフォルトリスクを意識する必要があります」

(3)「毎年受け取る利子は、利払時の債券価格に表面利率を乗じて計算した額となります。債券市場における債券価格は変動するため、受け取る利子の額も変動します」

19 Y社債を〈Y社債に関する資料〉の条件で購入し、2年後に額面100円当たり103円で売却した場合の所有期間利回り（年率・単利）は、次のうちどれか。なお、計算に当たっては税金や手数料を考慮せず、答えは％表示における小数点以下第3位を四捨五入することとする。 **よく出る**

(1) 0.33％

(2) 0.49％

(3) 1.47％

17　正解（3）　A

（1）不適切。上場株式を売買する際の売買代金の受渡しは、**約定日当日から起算して3営業日目**です。

（2）不適切。PERは、1株当たり純利益をもとに株価の割安性を比較する指標で、以下の算式で求められます。

$$PER（倍）= \frac{株価}{1株当たり純利益}$$

X社の場合、株価が900円、1株当たり純利益が30円（150億円÷5億株）なので、PERは30倍（900円÷30円）です。

（3）適切。配当性向は株主への利益還元の度合いを測る指標で、以下の算式で求められます。

$$配当性向（\%）= \frac{配当金総額}{当期純利益} \times 100$$

X社の場合、配当金総額は45億円、当期純利益は150億円なので、配当性向は30％（45億円÷150億円×100）です。

18　正解（3）　B

（1）適切。債券（特定公社債）の利子は、**利子所得として申告分離課税の対象**となります。利子の支払時に20.315％の税率で税金相当額が源泉徴収されるため、**確定申告は不要**ですが、申告分離課税なので、確定申告を行うこともできます。

（2）適切。格付は、債券の信用力を表すもので、一般的に**BBB（トリプルB）以上が投資適格債**、BB（ダブルB）以下が投機的格付債とされています。

（3）不適切。利付債券の利子は、**額面金額に表面利率を乗じて計算**します。固定利付債券であれば、表面利率は償還時まで変わらないので、**毎年受け取る利子の額は一定**です。

3　金融資産運用　実技

19 正解（3） B

債券の所有期間利回りは、既発債を購入し、満期まで保有せず、途中で売却した場合の利回りで、以下の算式で計算することができます。

$$所有期間利回り(\%) = \frac{表面利率 + \dfrac{売付価格 - 買付価格}{所有期間}}{買付価格} \times 100$$

$$= \frac{1.0 + \dfrac{103 - 102}{2}}{102} \times 100 \fallingdotseq 1.47\,\%$$

実技試験では、債券の利回りや株式の投資指標などの計算問題が頻出です！
電卓を使って実際に計算してみて、すばやく解けるようにしておきましょう。

第**4**章

タックスプランニング

 ココが
出る!
重要ポイント

学科	• 10種類の所得では、不動産所得、事業所得、給与所得、公的年金等の雑所得、退職所得が頻出です。それぞれの所得の計算方法を理解しましょう。
	• 損益通算の対象となる所得を覚えましょう。
	• 14種類の所得控除では、配偶者控除、扶養控除、医療費控除、生命保険料控除が頻出です。
	• 税額控除は、住宅ローン控除がよく出題されます。
実技	• 資産設計提案業務では、不動産所得や退職所得の計算問題などが出題されます。
	• 個人資産相談業務では、所得税の計算の流れを理解しておきましょう。

▶過去5回分の出題傾向

| | 学科 | 実技 | |
	共通	資産	個人
所得税の仕組み	A		
所得の計算	A	A	A
損益通算	B		
所得控除	A	B	A
所得税額の計算	C	C	
税額控除	B	C	
所得税の納付・青色申告制度	A		A
住民税			
消費税			

Aは必修、
Bはよく出る、
Cはたまに出る
テーマだよ!

※「資産」は日本FP協会の資産設計提案業務、「個人」は金財の個人資産相談業務を示しています。

次の各文章について、一問一答問題では適切なものに○を、不適切なものに×を付けましょう。また、三肢択一問題では（　　）内にあてはまる最も適切な文章、語句、数字またはそれらの組合せを(1)～(3)のなかから選びましょう。

❶ 所得税の仕組み

一問一答問題

1 所得税では個人ごとの税負担能力を考慮し、所得が大きいほど税率が高くなる超過累進税率が採用されている。

2 所得税の非課税所得には、雇用保険の失業等による給付や国民年金の老齢給付、給与所得者の通勤手当（1ヵ月当たり15万円以内）などがある。

3 国債や地方債など特定公社債の利子は、所得税において、申告分離課税の対象となる。

三肢択一問題

4 納税義務者と担税者（実際に税を負担する者）が同一である税金を（　①　）といい、納税義務者と担税者が異なる税金を（　②　）という。
（1）① 国税　　② 地方税
（2）① 間接税　② 直接税
（3）① 直接税　② 間接税

5 1暦年間の個人の所得に対して課される所得税は、（　　　）という考え方に基づいて算出した所得金額に対して税率をかけることにより税額を計算する。
（1）所得金額 = 収入金額
（2）所得金額 = 収入金額 − 支出金額
（3）所得金額 = 収入金額 − 必要経費

解説と解答

●問題の難易度について、**A**は難しい、**B**は普通、**C**は易しいことを示しています。

	正解
所得税では、**応能負担の原則**により各人の税負担能力に応じた課税を行うため、**超過累進税率**により所得が大きいほど適用税率が高くなる仕組みとなっています。なお、超過累進税率は、5％から45％までの7段階です。	**○** **C**
雇用保険法により支給を受ける失業等給付や給与所得者の**通勤手当（1ヵ月当たり15万円以内）**は所得税の非課税所得に該当しますが、国民年金の老齢給付は課税所得（雑所得）です。その他の非課税所得には①遺族が受ける遺族年金、②身体の傷害、心身の損害に基因して支払いを受ける保険金等、③生活用動産の譲渡による所得（1個当たり30万円を超える貴金属や骨董品などの譲渡による所得は除く）などがあります。	**✕** **B**
国債、地方債、外国債券、公募公社債など特定公社債の利子は、利子所得として**申告分離課税**の対象となります。利子の支払いの際に所得税および復興特別所得税、住民税が源泉徴収されるため、確定申告不要を選択することができますが、確定申告をする場合は申告分離課税となります。	**○** **B**
納税義務者（税を納める人）と担税者（税を負担する人）が同じである税金を**直接税**といい、所得税、法人税などがあります。納税者と担税者が異なる**間接税**には消費税、酒税などがあります。	**（3）** **C**
所得税における所得とは、**収入金額から必要経費を控除**したものです。収入金額には**未入金**のものも含まれ、必要経費はその収入金額を得るために要した費用の額等となります。	**（3）** **C**

4 タックスプランニング

学科

❷ 各種所得の内容

1 配当所得の金額は、収入金額から元本取得のために要した負債の利子を控除した金額である。

2 上場株式の配当所得（一定の大口株主等が受けるものを除く）について所得税の確定申告をする場合は、その全部について、総合課税または申告分離課税のいずれかを選択して申告しなければならない。

3 所得税において、老齢基礎年金や老齢厚生年金に係る所得は、雑所得に該当する。 **よく出る**

4 所得税における一時所得の金額は、その年の一時所得に係る総収入金額からその収入を得るために支出した金額の合計額を控除し、その残額から特別控除額（最高50万円）を控除した金額であり、その金額が総所得金額に算入される。

5 事業のために使用している車両を譲渡した場合には、事業所得の金額の計算上、売却益は総収入金額に、売却損は必要経費に算入する。

6 給与所得の金額を計算する際には、収入金額から収入金額に応じた給与所得控除額（最低55万円）を控除することができる。

7 勤続年数25年で会社を定年退職し、退職金（収入金額）として3,000万円を受け取った場合、退職所得の金額は1,850万円となる。 **よく出る**

配当所得の金額の計算上、株式等を借入金で取得している場合には、その**借入金の利子を収入金額から差し引く**ことができます。

上場株式等の配当については、20.315％の税率で源泉徴収され、申告不要を選択することができます。確定申告をする場合は、**すべての配当について、総合課税または申告分離課税のどちらかに統一**して選択する必要があります。

国民年金法、厚生年金保険法などの規定による年金、過去の勤務により会社などから支払われる年金は、**雑所得**に該当します。

一時所得の金額は、「総収入金額－収入を得るために支出した金額－特別控除額（最高50万円）」により計算しますが、総所得金額に算入される金額は、その**2分の1**の額となります。

車両を譲渡した場合の売却益や売却損は、事業用の車両であっても、総合課税の**譲渡所得**になり、所有期間に応じて、短期譲渡所得、長期譲渡所得に区分されます。

給与所得の金額を計算する際は、収入金額（年収）に応じた**給与所得控除額**を収入金額（年収）から控除することができます。

勤続年数が25年、退職金が3,000万円の場合の退職所得は、以下のようになります。

3,000万円－{800万円＋70万円×（25年－20年）}×1/2＝925万円

なお、勤続年数に1年未満の端数があるときは、端数を切り上げて計算します。

 **退職所得と退職所得控除**

退職所得は、下記の計算式で算出します。

退職所得＝（退職金－退職所得控除額）×1/2

退職所得控除額は、勤続年数により下記の計算式で算出します。

[勤続20年以下] 退職所得控除額＝40万円×勤続年数（最低80万円）

[勤続20年超] 退職所得控除額＝800万円＋**70万円**×（勤続年数－20年）

4 タックスプランニング

学科

8 譲渡所得の金額の計算において、その譲渡所得が、長期譲渡所得、短期譲渡所得のいずれに該当するかを問わず、譲渡益から最高50万円の特別控除額を差し引くことができる。

9 一時所得の特別控除額は50万円を上限とし、総収入金額からその収入を得るために支出した金額を控除した残額が50万円に満たない場合には、その残額を限度とする。

三肢択一問題

10 所得税において、事業的規模で行われている賃貸マンションの貸付による所得は、（　　　）に該当する。**よく出る**
（1）事業所得　（2）不動産所得　（3）雑所得

11 使用期間が（　①　）、または取得価額が（　②　）の減価償却資産は、取得価額の全額を事業の用に供した年の必要経費とする。
（1）① 1年未満　② 10万円未満
（2）① 3年未満　② 10万円以上20万円未満
（3）① 5年未満　② 10万円以上50万円未満

12 給与所得者が、30年間勤務した会社を定年退職し、退職金2,000万円の支払いを受けた場合、所得税の退職所得の金額を計算する際の退職所得控除額は、（　　　）となる。**よく出る**
（1）800万円＋40万円×（30年－20年）＝1,200万円
（2）700万円＋70万円×（30年－20年）＝1,400万円
（3）800万円＋70万円×（30年－20年）＝1,500万円

13 退職所得の金額の計算において、収入金額から差し引く退職所得控除額は、勤続年数が20年以下の場合、勤続年数×（　　　）である。
（1）20万円　（2）40万円　（3）70万円

譲渡所得の金額の計算においては、所得金額の計算上、**長期譲渡所得、短期譲渡所得**に係わらず、譲渡益から最高**50万円**の特別控除額を差し引くことができます。長期譲渡所得と短期譲渡所得の両方がある場合は、特別控除額は短期譲渡所得から先に控除します。

一時所得の金額は、「総収入金額－その収入を得るために支出した金額－特別控除額」で計算できます。特別控除額は最高**50万円**ですが、総収入金額からその収入を得るために支出した金額を差し引いた額が50万円に満たない場合は、その金額が特別控除の額となります。

不動産の賃貸が事業的規模で行われていても事業所得として扱われることはなく、**不動産所得**となります。

使用期間が**1年未満**または取得価額が**10万円未満**の減価償却資産は、取得価額の全額を、事業の用に供した年の必要経費とします。

取得価額が20万円未満の減価償却資産は、3年間で取得価額の3分の1ずつを償却する一括償却の方法を選択することができます。

退職所得控除額は、勤続年数が20年以下のときは、「40万円×勤続年数」（80万円に満たない場合には80万円)」の計算式で、勤続年数が20年超のときは、「**800万円＋70万円×（勤続年数－20年)**」の計算式で算出されます。
勤続年数に1年未満の端数がある場合は、切り上げて計算されます。

退職所得控除額は、勤続年数が20年以下の場合、「**勤続年数×40万円（最低80万円)**」で計算できます。

14 総合課税となる譲渡所得の特別控除額は、（　　　）。

（1）長期・短期の区別なく総額で50万円である

（2）長期・短期の区別なく総額で100万円である

（3）長期譲渡所得の100万円のみである

15 契約者（＝保険料負担者）と保険金受取人が同じである生命保険契約の死亡保険金を一時金で受け取った場合、（　　　）の課税対象となる。

（1）相続税

（2）所得税（一時所得）

（3）贈与税

16 総所得金額の計算上、（　①　）の金額および（　②　）の金額は2分の1として総所得金額に算入する。 **よく出る**

（1）① 総合課税の短期譲渡所得　② 一時所得

（2）① 総合課税の長期譲渡所得　② 一時所得

（3）① 総合課税の長期譲渡所得　② 退職所得

❸ 損益通算

一問一答問題

1 総所得金額を計算するに当たって、事業所得の額にマイナスが生じた場合、給与所得と損益通算することができる。

2 生活に通常必要でない資産を譲渡した場合の譲渡損失は、損益通算をすることができる。

3 不動産所得の金額の計算上生じた損失については、その全額が損益通算の対象となる。

総合課税の譲渡所得の特別控除額は、**長期・短期の区別なく総額で最高50万円**であり、短期譲渡所得→長期譲渡所得の順序で控除します。

(1)

死亡保険金を一時金で受け取った場合の課税関係は、契約者（保険料負担者）、被保険者、保険金受取人の関係により「相続税」「所得税」「贈与税」のいずれかの対象となります。契約者と保険金受取人が同じである場合は、保険金受取人に対して**一時所得として所得税が課税**されます。

(2)

総合課税の長期譲渡所得および**一時所得**は総合課税の対象であり、それらの**2分の1の金額を総所得金額に算入**します。なお、退職所得は分離課税の対象であり、総所得金額には算入されません。

(2)

> 総合長期の譲渡所得と一時所得は、所得の額に2分の1を掛けた額を総所得金額に算入します。

総所得金額とは、総合課税の所得の合計をいいます。総所得金額を計算するに当たって、事業所得の額にマイナスが発生した場合、**その他の総合課税の所得や退職所得、山林所得のプラスと損益通算することができます**。

〇

損益通算の対象となる所得は、不動産所得、事業所得、山林所得、譲渡所得（総合課税）の損失ですが、その損失が譲渡所得に該当する場合でも、貴金属等（1個当たり30万円を超えるもの）や別荘などの**生活に通常必要でない資産の譲渡による損失は損益通算の対象になりません**。

✕

不動産所得の金額の計算上生じた損失のうち、**土地等の取得のための借入金の利子に相当する部分の金額は、損益通算の対象にはなりません**。

✕

4 Aさんの2021年分の各種所得の金額が下記の〈資料〉のとおりであった
場合、損益通算後の総所得金額は（　　　　）となる。なお、各種所得の金
額に付されている「▲」は、その所得に損失が生じていることを表している。

よく出る

〈資料〉Aさんの2021年分の各種所得の金額

不動産所得の金額	300万円
雑所得の金額	▲50万円
事業所得の金額	▲200万円

（1）50万円　　（2）100万円　　（3）250万円

5 所得税の計算において、事業所得の損失の金額を一時所得の金額と損益通
算する場合、その事業所得の損失を差し引くときの一時所得の金額は、
（　　　　）である。
（1）特別控除（最高50万円）の控除前の金額
（2）特別控除（最高50万円）の控除後の金額で2分の1を乗じた後の金額
（3）特別控除（最高50万円）の控除後の金額で2分の1を乗じる前の金額

4 所得控除

1 配偶者が青色事業専従者として給与の支給を受けている場合、配偶者控除
の適用を受けることはできるが、配偶者特別控除の適用を受けることはで
きない。

2 所得税において、老人扶養親族のうち、納税者またはその配偶者の直系尊
属で、納税者またはその配偶者と常に同居している者（同居老親等）に係
る扶養控除額は、38万円である。

3 医療費控除の対象となる医療費は、本人が自分のために支払ったものに限
られ、配偶者や親族のために支払ったものを控除することはできない。

よく出る

雑所得の金額の計算上生じた損失の金額は、他の各種所得の金額と損益通算することはできません。したがって、Aさんの損益通算後の総所得金額は、300万円－200万円＝**100万円**となります。

> 損益通算できる所得のマイナスは、「不事山譲（富士山上）の損益通算」と覚えましょう！

(2)
A

事業所得の損失の金額を一時所得の金額と損益通算するに当たって、その事業所得の損失を差し引くときの一時所得の金額は、**50万円の特別控除を差し引いた金額で2分の1を乗じる前の金額**です。

> 損益通算後、一時所得のプラスが残った場合には、残った金額に2分の1を乗じて総所得金額を計算します。

(3)
B

青色申告専従者として給与の支給を受けている場合には、控除対象配偶者や扶養親族に該当しないため、**配偶者控除や配偶者特別控除の適用を受けることはできません**。また、扶養控除の適用を受けることもできません。

A

老人扶養親族のうち、納税者またはその配偶者の直系の尊属で、納税者またはその配偶者と常に同居している者（同居老親等）に係る扶養控除額は、**58万円**です。

A

医療費控除は、**本人または本人と生計を一にする配偶者やその他の親族のための医療費**を、本人が支払った場合に控除できます。医療費控除の適用を受けるためには、確定申告が必要です。

B

4 確定申告において、支払った国民年金保険料について社会保険料控除の適用を受ける場合には、支払証明書の添付等が必要となる。

5 生命保険料控除は、その年に支払った生命保険契約等の保険料の全額を控除することができる。

6 課税総所得金額と課税退職所得金額については、その額が多くなると税率が高くなる超過累進税率が適用される。

7 所得税法上、不動産を譲渡した場合の長期譲渡所得に対する税率は15％である。 よく出る

三肢択一問題

8 納税者であるAさんが、受診した人間ドックで重大な疾病が発見され、引き続きその疾病の治療のために入院した場合、Aさんが支払った費用等のうち、（　　　）は、所得税の医療費控除の対象にならない。 よく出る
（1）受診した人間ドックの費用
（2）入院の際の洗面具等の購入費用
（3）疾病の治療費、手術費

9 扶養控除の適用において、扶養親族に該当するか否かは、原則として、その年の（　　　）の現況により判定する。
（1）1月1日　（2）3月15日　（3）12月31日

国民年金保険料について社会保険料控除の適用を受ける場合には、確定申告で、その**支払いを証明する書類の添付等**をしなければなりません。なお、国民健康保険料については、確定申告に際して支払いを証明する書類の添付は義務付けられていません。

生命保険料控除は、本人が対象となる生命保険、個人年金保険または介護医療保険の保険金や掛金を支払った場合に控除することができますが、それぞれの控除額は支払った保険料によって段階的に決まり、最大で合計12万円です。

課税総所得金額と**課税退職所得金額**は、**超過累進税率**でその税額を計算します。超過累進税率とは、課税所得の額が多くなるほど高い税率が適用される仕組みのことです。

不動産を譲渡した場合の譲渡所得は分離課税となります。不動産の譲渡の場合、譲渡した日の属する年の1月1日までの所有期間が5年超であれば長期譲渡所得に該当し、所得税**15%**、住民税5%の合計20%の税率（復興特別所得税を含めると20.315%）となります。

📖 不動産を譲渡した場合の税率（分離課税）

課税長期譲渡所得	所得税**15%**、住民税5%（復興特別所得税0.315%）
課税短期譲渡所得	所得税**30%**、住民税9%（復興特別所得税0.63%）

人間ドックの結果、**重大な疾病**が発見され、引き続きその**疾病の治療**を行った場合には、その人間ドックは治療に先立って行われる診察と同様に考えることができ、人間ドックの費用も**医療費控除の対象**になります。一方、洗面具等は入院のためには必要ですが、医師等による診療等を受けるため直接必要なものにはあたらず、医療費控除の対象になりません。

扶養控除の適用を受ける際に、扶養親族に該当するか否かは、原則として、その年の**12月31日の現況**により判定します。なお、納税者が年の中途で死亡した場合は、その時点の現況で判定します。

10 12月31日時点で、生計を一にする17歳と14歳の子がある場合、納税者本人の扶養控除の額は（　　　）である。なお2人の子に所得はない。
☐☐
（1）38万円　（2）63万円　（3）101万円

11 所得税における地震保険料控除は、従前の長期損害保険契約に係るものと合わせて、最高（　　　）まで控除することができる。
☐☐
（1）15,000円　（2）50,000円　（3）65,000円

12 所得控除の金額はまず（　①　）から控除することになっており、控除しきれない場合には、退職所得等の金額などの（　②　）の所得金額から差し引くことができる。
☐☐
（1）① 事業所得金額　　② 源泉分離課税
（2）① 総所得金額　　　② 分離課税
（3）① 不動産所得金額　② 分離課税

13 所得税の税額計算において、課税総所得金額、（　　　）、課税山林所得金額には超過累進税率が適用される。
☐☐
（1）課税長期譲渡所得金額
（2）課税短期譲渡所得金額
（3）課税退職所得金額

❺ 税額控除

一問一答問題

1 上場株式の配当等のうち、確定申告をしないことを選択したものについては、配当控除の対象とならない。
☐☐

2 課税総所得金額等が1,000万円以下であるときの配当控除の金額は、配当所得の金額の5％である。
☐☐

3 住宅借入金等特別控除の金額は、本人の合計所得金額から控除される。
☐☐

14歳の子は年少扶養親族となり、扶養控除の適用は受けられません。また、17歳の子は、**一般扶養親族（16歳以上19歳未満）**に該当し、控除額は**38万円**です。

(1)

B

地震保険料控除の控除額は、所得税では**50,000円**が上限です。なお、2006年末までに締結した長期損害保険契約については最高15,000円まで控除できますが、地震保険料と合わせて50,000円が控除額の上限です。

(2)

C

所得控除の金額はまず**総所得金額**から控除しますが、控除しきれない場合には、退職所得等の**分離課税**の所得金額から差し引くことができます。

(2)

A

超過累進税率は課税総所得金額だけでなく、**課税退職所得**や**課税山林所得**など分離課税の所得についても適用されます。

(3)

B

総所得金額だけでなく、退職所得にも超過累進税率が適用されます。

上場株式の配当等については、源泉徴収のみで課税関係を終了することができますが、配当控除の適用を受ける場合には、**総合課税を選択して確定申告**をする必要があります。

O

A

配当控除の金額は、**課税総所得金額等が1,000万円以下**の場合には「**配当所得の金額×10％**」、課税総所得金額等が1,000万円超の場合には、「1,000万円を超える部分に相当する配当所得の金額については5％」の控除となります。

×

B

税額控除とは、税額計算で算出した所得税の合計額から直接控除するものであり、住宅借入金等特別控除は、**所得税額から控除**されます。

×

C

4 所得税の住宅借入金等特別控除の適用を受けるためには、取得した家屋の床面積が（ ① ）以上で、かつ、その（ ② ）以上に相当する部分が専ら自己の居住の用に供されるものでなければならない。

(1) ① 50㎡　② 2分の1

(2) ① 50㎡　② 3分の2

(3) ① 60㎡　② 5分の4

5 所得税額の計算において、税額から直接控除する税額控除の種類には、（ ① ）や（ ② ）等がある。

(1) ① 医療費控除　② 配当控除

(2) ① 雑損控除　② 住宅借入金等特別控除

(3) ① 配当控除　② 住宅借入金等特別控除

6 2021年4月に入居を開始した場合における住宅借入金等特別控除の控除期間は、（ ① ）であり、対象となる年末借入金残高は、一般住宅の場合、最高（ ② ）である。

(1) ① 13年　② 4,000万円

(2) ① 15年　② 3,000万円

(3) ① 13年　② 2,000万円

❻ 所得税の申告と納付

1 給与所得者の場合、所得税は税額表に基づいて源泉徴収され、1年分の収入をもとに所得税を計算した源泉徴収票が発行される。

2 源泉徴収票には、給与所得者の年間の給与収入や給与所得控除額、所得控除の額の合計額、所得税額、住民税額などが記載されている。

住宅借入金等特別控除の適用の対象となる住宅等は、居住用の住宅で、家屋の登記床面積が**50㎡以上**、また**居住用部分の床面積が2分の1以上**でなければならないなどの要件があります。ただし、特例として2022年末までに入居した場合、40㎡以上50㎡未満の住宅も住宅ローン控除の対象となります。

(1)

B

税額控除とは、税額計算で算出した所得税の合計額から直接控除するものであり、**配当控除**、**外国税額控除**、**住宅借入金等特別控除**などがあります。医療費控除、雑損控除は所得控除です。

(3)

C

2021年4月に居住を始める場合、住宅借入金等特別控除の控除期間は**13年**となり、控除率は1％、一般住宅の場合、対象となる年末借入金残高は、最高**4,000万円**となります。

(1)

B

年末借入金残高に1％の控除率を掛けた金額が、住宅借入金等特別控除の額です。

会社員等の給与所得者の場合、**所得税**、**住民税は源泉徴収**されます。源泉徴収される所得税の額は税額表に基づいて計算しますが、**年末調整**を行うことで、1年分の所得税を計算し過不足を調整します。年末調整の結果は、**源泉徴収票**に記載されます。なお、給与所得者であっても、年間の給与収入が2,000万円を超えた場合には年末調整は行われないので、確定申告をする必要があります。

○

B

源泉徴収票は、年間の所得税を計算するためのもので、給与所得者の年間の給与収入や給与所得控除額、所得控除の額の合計額、所得税額などが記載されていますが、住民税額は記載されていません。

✕

C

3 給与所得者のうち、その年中に支払いを受けるべき給与の収入金額が1,000万円を超える者は、所得税の確定申告をしなければならない。 **よく出る**

4 給与等の支払者が源泉徴収した所得税は、徴収した月の末日までに国に納付しなければならない。

5 青色申告の適用を受けようとする場合は、その年の12月31日までに「青色申告承認申請書」を提出する必要がある。 **よく出る**

三肢択一問題

6 所得税における所得控除のうち、雑損控除、医療費控除および（　　　）の3つについては、給与所得者であっても確定申告が必要となる。
（1）寄附金控除　　（2）小規模企業共済等掛金控除　　（3）寡婦控除

7 給与所得者で、その年中に支払いを受ける給与等の金額が（　　　）を超える者は、原則として所得税の確定申告書の提出義務が生じる。 **よく出る**
（1）1,000万円　　（2）1,500万円　　（3）2,000万円

8 青色申告者の特典の1つである青色申告特別控除額は、原則10万円となっているが、一定の要件を満たすことにより、最高で（　　　）を控除することができる。
（1）38万円
（2）45万円
（3）65万円

❼ 個人住民税

一問一答問題

1 個人住民税は、その年の1月1日現在の住所地の市町村に納付するが、年の途中で住所変更があった場合には、変更後の市町村に未納分を納付する。

給与所得者は、原則として、年末調整で課税関係が終了しますが、給与所得者であっても、給与の年間収入金額が**2,000万円超**の人は、確定申告が必要です。また、給与所得と退職所得以外の所得が**20万円以上**ある人も確定申告をする必要があります。

B

給与等の支払いをする者（源泉徴収義務者）が源泉徴収した所得税は、**徴収した月の翌月10日まで**に国に納付しなければなりません。

A

青色申告の適用を受けようとする者は、原則として適用を受けようとする年の**3月15日**までに「青色申告承認申請書」を提出する必要があります。なお、1月16日以降新たに事業を開始した場合の「青色申告承認申請書」の提出は、開業の日から**2ヵ月以内**です。

B

所得控除のうち、**雑損控除、医療費控除、寄附金控除**は、適用を受けるためには確定申告が必要です。年末調整を受ける給与所得者でも、この3つの所得控除の適用を受けるためには、確定申告をする必要があります。

(1)
B

給与所得者で、その年中に支払いを受ける給与等の金額が**2,000万円**を超える者は、**所得税の確定申告書の提出義務**があります。また、給与所得者に給与所得、退職所得以外で20万円を超える所得がある場合や、2つ以上の支払者から給与を受けている場合も、確定申告を行う必要があります。

(3)
B

青色申告特別控除は原則10万円の控除額となっていますが、**不動産所得（事業的規模）**または**事業所得**があり、正規の簿記の原則に従った方法により記録された会計帳簿をもとに貸借対照表および損益計算書を作成し、これらを確定申告書に添付した場合には、55万円を控除することができます。

(3)
B

2020年分からは、e-taxによる申告などの要件を満たすことで**65万円**の控除を受けることができます。

個人住民税は、その年の**1月1日現在の住所地**の市町村に納付します。年の途中で住所の変更があっても、その年については、変更前の市町村に納付します。

C

2 住民税の納付手続きには、市町村からの納税通知書の交付による（ ① ）
□□ の方法と、市町村に代わり給与の支払者が住民税を預かって納付する
（ ② ）の方法とがある。

(1) ① 普通徴収　② 特別徴収

(2) ① 普通徴収　② 源泉徴収

(3) ① 特別徴収　② 源泉徴収

❽ 消費税

一問一答問題

1 消費税は、国内における商品やサービスの消費に対し広く公平に課税され
□□ るが、土地の譲渡や貸付は非課税取引であり、消費税は課税されない。

三肢択一問題

2 国内において商品の売買やサービスの提供を行う事業者は消費税の納税義
□□ 務者となるが、基準期間の課税売上高が（　　　）である場合には免税事
業者となり、その課税期間の納税義務は免除される。

(1) 1,000万円以下

(2) 3,000万円以下

(3) 5,000万円以下

住民税の**普通徴収**とは、市町村から送付される納税通知書で納税者本人が納付する方法で、**特別徴収**とは、給与の支払者が納税者に代わって納付する方法です。

会社員の場合、一般的に、住民税は給与から天引きされる特別徴収で納付します。

消費の概念になじまないものや社会的な配慮から、**土地の譲渡**や貸付、住宅の貸付、社会保険料などは消費税の**非課税取引**となっており、課税されません。

消費税の対象となる取引・ならない取引を押さえましょう！

消費税では、基準期間（個人の場合、前々年）の1年間の課税売上高が**1,000万円以下**である場合には、免税事業者となり、消費税の納付が免除されます。

実技試験対策

各種所得を計算できる
ようにしましょう。

協会｜資産 は日本FP協会の資産設計提案業務に、金財｜個人 は金財の個人資産相談業務に対応した問題を示しています。

第1問 次の設例に基づいて、次の各問（ 1 ～ 2 ）に答えなさい。

協会｜資産　金財｜個人

設例

佐山さん（58歳）は、父が今年1月に亡くなったため、父が所有していた土地を相続した。また、佐山さんは今年12月に、35年勤務した会社を退職する予定である。佐山さんは、相続した土地に店舗を建築して、小売業を始める予定である。

1 佐山さんが、相続により取得した土地に店舗を建築して小売業を開始した場合の、青色申告制度に関する次の記述の空欄（ア）、（イ）にあてはまる語句の組合せとして、正しいものはどれか。

佐山さんが、父から相続により取得した土地で、個人事業主として小売業を開業した場合、その収入は、（　ア　）所得に該当します。佐山さんは、青色申告の申請をすることで、青色申告特別控除の適用を受けることができますが、仮に、佐山さんが2021年5月に小売業を開始した場合の青色申告承認申請書の提出期限は、（　イ　）です。

佐山さんが青色申告の承認を受けた場合、青色申告特別控除の適用のほかに、青色事業者専従者給与の適用を受けるなどの特典があります。

（1）（ア）事業　（イ）事業開始から2ヵ月以内
（2）（ア）事業　（イ）2022年3月15日
（3）（ア）給与　（イ）2022年3月15日

2

佐山さんは、2021年12月末に勤務先を退職する予定で、退職一時金3,000万円が支給される見込みである。この場合における佐山さんの所得税に係る退職所得の金額（計算式を含む）として、正しいものはどれか。なお、佐山さんの勤続年数は35年であり、「退職所得の受給に関する申告書」を提出しているものとする。また、佐山さんは役員ではなく、障害者になったことに基因する退職ではない。 **よく出る**

〈退職所得控除額の求め方〉

勤続年数	退職所得控除額
20年以下	勤続年数×40万円（最低80万円）
20年超	800万円＋70万円×（勤続年数－20年）

（1）3,000万円－1,850万円×1/2＝2,075万円

（2）3,000万円－1,850万円＝1,150万円

（3）（3,000万円－1,850万円）×1/2＝575万円

1　正解（1） **B**

　個人事業主として行う小売業から得られる収入は、事業所得に該当します。不動産所得、事業所得、山林所得がある人は、税務署長に青色申告承認申請書の提出をすることで、青色申告の申請をすることができますが、その提出期限は、原則として、青色申告の申請を受ける年の**3月15日まで**です。ただし、その年の**1月16日以降に事業を開始した場合**の提出期限は、**事業開始から2ヵ月以内**が提出期限となります。

> 青色申告の特典には、青色申告特別控除、純損失の繰越控除、青色事業専従者給与などがあります。

2　正解（3） **B**

　勤続35年の場合の退職所得控除額は、以下のように計算できます。

　　800万円＋70万円×（35年－20年）＝1,850万円

　退職所得は、「（退職金－退職所得控除額）×1/2」で計算できるので、佐山さんの退職所得は、以下のようになります。

　　退職所得＝（3,000万円－1,850万円）×1/2＝575万円

次の設例に基づいて、次の各問（ 3 ～ 5 ）に答えなさい。

協会｜資産

設例

　古畑さんの2021年分の給与収入は850万円の見込みである。2021年中に
マイホームの取得を予定しており、その資金にあてるため、2021年3月にゴ
ルフ会員権を譲渡した。また、2021年中に養老保険の満期保険金を一時金で
受け取ることになっており、これらを頭金に充当するつもりでいる。なお、
これ以外に古畑さんの2021年分の所得はない。

　・ゴルフ会員権

取得年月日　　　：2018年5月

譲渡収入　　　　：　　400万円

取得費　　　　　：　　300万円

譲渡費用　　　　：　　20万円

　・養老保険

契約者（保険料負担者）、被保険者、満期保険金受取人：古畑さん

契約期間　　　　　：　　10年

満期保険金　　　　：300万円

支払保険料の総額　：220万円

4
タックスプランニング

実技

3
□□

譲渡所得に関する以下の文章の空欄①～②に入る語句等の組合せとして、次のうち最も適切なものはどれか。

　ゴルフ会員権を譲渡した場合は総合課税の譲渡所得として課税されるが、
この譲渡所得は、長期譲渡所得と短期譲渡所得に区分される。長期譲渡所得
とは、取得した日から（　①　）までの所有期間が（　②　）超の資産に係
る譲渡所得をいう。

（1）①　譲渡した日　　　②　5年

（2）①　その年の1月1日　②　5年

（3）①　その年の1月1日　②　10年

4 古畑さんの2021年分の所得税における総所得金額（所得控除を差し引く前の金額）として、次のうち正しいものはどれか。 **よく出る**

〈給与所得控除額の速算表〉

給与収入の金額		給与所得控除額
超	以下	
－	180万円	収入金額×40％－10万円（最低55万円）
180万円	360万円	収入金額×30％＋8万円
360万円	660万円	収入金額×20％＋44万円
660万円	850万円	収入金額×10％＋110万円
850万円		195万円

（1）690万円
（2）700万円
（3）805万円

5 確定申告に関する次の記述のうち、最も適切なものはどれか。

（1）給与所得の金額が2,000万円を超える場合には確定申告が必要である。
（2）給与所得者の場合、給与所得および退職所得以外の所得が生じた場合であっても、確定申告が必要となるとは限らない。
（3）給与所得および退職所得以外の所得が生じたことにより確定申告を行わなければならない場合、所得金額が20万円以下の所得については申告しなくてもよい。

3 正解（1） C

総合課税の譲渡所得は、長期譲渡所得と短期譲渡所得に区分され、**長期譲渡所得**とは、**取得した日から譲渡した日までの所有期間が5年超**の資産に係る譲渡所得をいいます。

なお、不動産を譲渡した場合の分離課税の譲渡所得の短期と長期の区分は、取得した日から譲渡した年の1月1日までの期間が5年超か5年以下かで判定されます。

4 正解（2） A

給与所得の金額は、「**給与収入 − 給与所得控除額**」で計算します。

給与所得＝850万円−（850万円×10％＋110万円）＝655万円

譲渡所得の金額は「**総収入金額−（取得費＋譲渡費用）− 特別控除額（50万円）**」で計算します。

譲渡所得＝400万円−（300万円＋20万円）−50万円＝30万円

一時所得の金額は、「**総収入金額−その収入を得るために支出した金額 − 特別控除額（50万円）**」で計算します。

一時所得＝300万円−220万円−50万円＝30万円

各所得を合計して総所得金額を計算しますが、**一時所得は2分の1**の額が算入されます。

総所得金額＝655万円＋30万円＋30万円×1/2＝**700万円**

5 正解（2） B

（1）不適切。給与所得の金額ではなく、**給与収入が2,000万円を超える場合**に、確定申告が必要となります。

（2）適切。1ヵ所から給与の支払いを受けている給与所得者の場合、**給与所得および退職所得以外の所得の合計が20万円以下**であれば、確定申告を行う必要はありません。

（3）不適切。上記（2）の例において、給与所得および退職所得以外の所得の合計が20万円以上となり確定申告を行う場合、所得金額が20万円以下の所得についても申告をしなければなりません。

設例

渡辺さん（63歳）は、37年4ヵ月勤務した会社を2021年5月に定年退職した。退職金3,000万円の受取りの際には「退職所得の受給に関する申告書」を提出し、会社が適正な税額を差し引き、また、源泉徴収票を受け取った。

渡辺さんは退職後、再就職せず、妻（58歳、パートタイマー）と2人暮らしをしている。妻の年収は50万円で、渡辺さんの退職後は第1号被保険者として国民年金保険に加入したが、その国民年金保険料は渡辺さんが支払っている。

2021年における渡辺さんの退職後の収入は、特別支給の老齢厚生年金、企業年金、個人年金である。

（1）退職時に渡辺さんが受け取った源泉徴収票の内容

退職所得の源泉徴収票（2021年分）	
支払金額	30,000,000円
源泉徴収税額	512,500円

給与所得の源泉徴収票（2021年分）	
支払金額	4,000,000円
源泉徴収税額	200,000円

（2）退職後の渡辺さんの収入

- 特別支給の老齢厚生年金受取額 ：120万円（源泉徴収前）
- 企業年金受取額 ：30万円
- 個人年金受取額（15年確定年金） ：100万円（必要経費：75万円）

6 　所得控除や雑所得に関する次の記述のうち、**最も不適切なもの**はどれか。

（1）渡辺さんが支払った妻の国民年金保険料は、渡辺さんの社会保険料控除額とすることができる。

（2）退職金の一部を年金形式で受け取ることを選択すると、その額は雑所得の扱いになる。

（3）渡辺さんの妻はパート収入が50万円であるので、渡辺さんは、配偶者控除と配偶者特別控除の両方の適用を受けることができる。

7 渡辺さんの退職所得の額として、次のうち正しいものはどれか。 **よく出る**
□□

(1) 470万円

(2) 505万円

(3) 940万円

8 渡辺さんの雑所得の額として、次のうち正しいものはどれか。
□□

〈公的年金等控除額の速算表〉

(公的年金等に係る雑所得以外の合計所得金額1,000万円以下、65歳未満)

公的年金等の収入金額		公的年金等控除額
以上	未満	
−	130万円	60万円
130万円	410万円	収入金額×25％＋27.5万円
410万円	770万円	収入金額×15％＋68.5万円
770万円	1,000万円	収入金額× 5 ％＋145.5万円
1,000万円		195.5万円

(1) 110万円

(2) 150万円

(3) 175万円

第3問の解答と解説

6 　正解（**3**）　**B**

（1）適切。社会保険料控除は、納税者本人の保険料だけでなく、**生計を一にする配偶者やその他の親族が負担すべき社会保険料を納税者本人が負担した場合**も適用できます。

（2）適切。退職金を一時金で受け取る場合には、**退職所得**として課税されますが、年金形式で受け取ると、毎年受け取る年金は、**雑所得**として課税の対象になります。

（3）不適切。渡辺さんの妻はパート収入が50万円（合計所得金額は0円）であり、**控除対象配偶者**であるため、渡辺さんは配偶者控除のみ適用を受けることができます。

7 　正解（**1**）　**A**

　勤続20年超の場合の退職所得控除額は、「**800万円＋70万円×（勤続年数−20年）**」で計算できます。**勤続年数に1年未満の端数がある場合は1年**とすることができるので、渡辺さんの退職所得控除額は以下のように計算することができます。

　　800万円＋70万円×（38年−20年）＝2,060万円

　退職所得の額は、「**（収入金額−退職所得控除額）×1/2**」で計算することができます。

　　退職所得＝（3,000万円−2,060万円）×1/2＝**470万円**

8 　正解（**1**）　**B**

　公的年金等の雑所得の額は、「**公的年金等の収入金額−公的年金等控除額**」で計算することができます。厚生年金、基礎年金のほか、企業年金も公的年金等の収入金額に含まれますが、個人年金は含まれません。

　　公的年金等の雑所得＝

　　（120万円＋30万円）−（150万円×25％＋27.5万円）＝85万円…①

　公的年金等以外の雑所得は、「**総収入金額−必要経費**」で計算することができます。

　　公的年金等以外の雑所得＝100万円−75万円＝25万円…②

　　雑所得の金額（①＋②）＝85万円＋25万円＝**110万円**

第4問 次の設例に基づいて、下記の各問（[9]〜[11]）に答えなさい。

協会｜資産　金財｜個人

設例

　会社員の古田さんは新築の住宅（所有権：古田さんの単独名義）を取得し、同月に入居した。また、古田さんは、年末調整済みの源泉徴収票を会社より受け取った。なお、古田さんに給与所得以外の所得はない。

（1）古田さんの受け取った源泉徴収票

支払を受ける者	住所又は居所	○○市××町1−1−1						（受給者番号）						
								（個人番号） XXXXXXXXXXXX						
								（役職名）						
								氏名 （フリガナ） 古田○○						

種別	支払金額	給与所得控除後の金額（調整控除後）	所得控除の額の合計額	源泉徴収税額
給与・賞与	内 8,000,000	（問10）	内 2,555,000	（問11）

（源泉）控除対象配偶者の有無等		配偶者（特別）控除の額	控除対象扶養親族の数（配偶者を除く。）						16歳未満扶養親族の数	障害者の数（本人を除く。）		非居住者である親族の数
			特定		老人		その他			特別	その他	
有	従有	千　円	人	従人	内　人	従人	人 1	従人	人	内　人	人	人
0				1								

社会保険料等の金額	生命保険料の控除額	地震保険料の控除額	住宅借入金等特別控除の額
内 720,000	40,000	15,000	

（摘要）
住宅借入金等特別控除可能額××円　国民年金保険料等の金額××円
妻 ○○　長男 ○○　次男 ○○

生命保険料の金額の内訳	新生命保険料の金額 100,000	旧生命保険料の金額		介護医療保険料の金額		新個人年金保険料の金額		旧個人年金保険料の金額	
住宅借入金等特別控除の額の内訳	住宅借入金等特別控除適用数		居住開始年月日（1回目） 年　月　日	住宅借入金等特別控除区分（1回目）		住宅借入金等年末残高（1回目）			
	住宅借入金等特別控除可能額		居住開始年月日（2回目） 年　月　日	住宅借入金等特別控除区分（2回目）		住宅借入金等年末残高（2回目）			
（源泉・特別）控除対象配偶者	氏名 （フリガナ） ○○	区分		配偶者の合計所得 350,000		国民年金保険料等の金額		旧長期損害保険料の金額	
	個人番号			基礎控除の額		所得金額調整控除額			

（2）住宅借入金等特別控除について
　・適用の対象となる年末借入金残高　　32,000千円
　・その他の適用要件は満たしているものとする。

---

[9] 所得税の住宅借入金等特別控除（いわゆる住宅ローン控除）の適用要件に関する次の記述のうち、最も不適切なものはどれか。

（1）住宅ローン控除を受ける年の納税者の合計所得金額が3,000万円以下であること。

（2）店舗併用住宅を取得した場合については、その家屋の床面積全体の2分の1以上がもっぱら自己の居住用であること。

（3）住宅購入等に係る借入金が、契約において償還期間15年以上の割賦償還の方法により返済するものであること。

4 タックスプランニング

実技

10 古田さんが勤務先から受け取った源泉徴収票に基づく給与所得の金額（給与所得控除後の金額）として、次のうち正しいものはどれか。 **よく出る**

〈給与所得控除額の速算表〉

給与収入の金額		給与所得控除額
超	以下	
－	180万円	収入金額 × 40％ － 10万円 （最低55万円）
180万円	360万円	収入金額 × 30％ ＋ 8万円
360万円	660万円	収入金額 × 20％ ＋ 44万円
660万円	850万円	収入金額 × 10％ ＋ 110万円
850万円		195万円

（1）2,000,000円　（2）6,100,000円　（3）6,796,000円

11 古田さんが勤務先から受け取った源泉徴収票に基づく源泉徴収税額の金額として、次のうち正しいものはどれか。

〈所得税額の速算表〉（一部抜粋）

課税所得金額		税率	控除額
超	以下		
－	195万円	5％	－
195万円	330万円	10％	97,500円
330万円	695万円	20％	427,500円
695万円	900万円	23％	636,000円
900万円	1,800万円	33％	1,536,000円

（1）156,800円　（2）170,900円　（3）281,500円

9　**正解（3）**　B

住宅ローン控除の主な要件は下記のとおりです。

人的要件	・取得等の日から6ヵ月以内に自己の居住の用に供した場合 ・適用を受ける年の**合計所得金額が3,000万円以下**
住宅要件	・取得する建物の床面積が**50㎡以上で、2分の1以上が居住の用に供されている**
借入金の要件	・借入金の**償還期間が10年以上**である

※2021年度税制改正で、床面積が40㎡〜50㎡の住宅も住宅ローン控除の適用を受けることができるようになりました。ただし、適用を受ける年の合計所得金額が1,000万円以下の人が対象です。

設問では、選択肢（3）の「償還期間15年以上」が、正しくは「償還期間10年以上」となるので、不適切となります。

10　**正解（2）**　B

給与所得の金額は、**収入金額から給与所得控除額を控除**して求めます。

給与所得控除額
$= 8,000,000円 \times 10\% + 1,100,000円 = 1,900,000円$
したがって、給与所得の金額は、以下のようになります。
$8,000,000円 - 1,900,000円 = \mathbf{6,100,000円}$

11　**正解（3）**　A

源泉徴収税額は、**給与所得金額から所得控除額を控除した後の金額に、超過累進税率を乗じて**求めます。

課税される所得金額 $= 6,100,000円 - 2,555,000円 = 3,545,000円$
源泉徴収票の源泉徴収税額
$= 3,545,000円 \times 20\% - 427,500円 = \mathbf{281,500円}$

4
タックスプランニング

実技

第5問 次の設例に基づいて、下記の各問（ 12 ～ 14 ）に答えなさい。

協会｜資産 金財｜個人

設例

　会社員の山本さんは副収入として時々原稿を書いて原稿料を得ている。山本さんの2021年分の確定申告に関する資料は以下のとおりである。

（1）　2021年分の山本さんの所得
給与所得の金額（1ヵ所から受けている）：5,550,000円
銀行預金の利子：80,000円（源泉徴収後）
出版社からの原稿料：45,000円（源泉徴収後）
上場株式からの配当金：160,000円（源泉徴収後）

（2）　2021年中に支出した医療費
妻の人間ドックの費用（異常は発見されなかった）：45,000円
長男の交通事故の入院費用：420,000円
（入院給付金25万円を2021年中に受け取っている）
上記の入院に係る入院・通院のための交通費：12,000円

12　山本さんの利子所得に対する源泉徴収税額として、次のうち正しいものはどれか（復興特別所得税は考慮しない）。

（1）16,000円　（2）18,000円　（3）20,000円

13　山本さんが確定申告により配当控除の適用を受けた場合、配当控除の金額として、正しいものはどれか。なお、配当所得の金額の計算上、負債の利子等はないものとする。

（1）9,000円　（2）18,000円　（3）20,000円

14　山本さんが2021年分の確定申告により医療費控除の適用を受けた場合、医療費控除の額として、次のうち正しいものはどれか。 よく出る

（1）82,000円　（2）127,000円　（3）332,000円

12　正解（3）　B

　銀行預金の利子は、受け取る際に**20％（所得税15％・住民税5％）が源泉徴収**されます（復興特別所得税は考慮しません）。したがって、収入金額は80,000円÷0.8＝100,000円、源泉徴収税額が**20,000円**となります。預貯金の利子は、源泉分離課税なので、課税関係は源泉徴収により終了します。

13　正解（3）　A

　上場株式等の配当は、源泉徴収のみで課税関係を終了することができます（申告不要）が、確定申告をすることもできます。確定申告で**総合課税を選択すると、配当控除の適用を受ける**ことができます。

　配当金は収入金額の20％が源泉徴収されているので、配当所得の金額は160,000円÷0.8＝200,000円です。配当控除の金額は、**課税総所得金額等の合計額が1,000万円以下の場合、配当所得の金額×10％**ですので、

　　　配当控除の金額＝200,000円×10％＝**20,000円**

14　正解（1）　A

　人間ドックの費用が医療費控除の対象となるのは、その結果、**重大な疾病が発見されて治療を行った場合**に限られるので、設問では医療費控除の対象外となります。設問において医療費控除の対象となるのは、交通事故による入院費用とその入院・通院のための交通費ですが、**入院給付金を受け取っているため入院費用からこれを控除する**必要があります。

　医療費控除の額は、対象となる医療費等の額の合計額から**10万円**（総所得金額が200万円以上の場合）を引いた額です。

　　　（420,000円－250,000円）＋12,000円－100,000円＝**82,000円**

設例

会社員のAさんは、妻Bさん、および長男Cさんとの3人家族である。Aさんは、老後の年金収入を増やすために、2019年1月から確定拠出年金の個人型年金の掛金（月額12,000円）を拠出している。また、Aさんは、2021年中に財務大臣が指定した公益社団法人に寄附をしたため、寄附金控除の適用を受けようと考えている。

〈Aさんとその家族に関する資料〉

・Aさん（48歳）　　：会社員
・妻Bさん（42歳）　：専業主婦（2021年中の収入はない）
・長男Cさん（17歳）：高校生（2021年中の収入はない）

〈Aさんの2021年分の収入等に関する資料〉

・給与収入の金額　　　　　：800万円
・一時払い養老保険（10年満期）の満期保険金
　　契約者（＝保険料負担者）・被保険者：Aさん
　　死亡保険金受取人：妻Bさん
　　満期保険金受取人：Aさん
　　満期保険金額　　　　　：320万円
　　一時払保険料　　　　　：270万円

※妻Bさんおよび長男Cさんは、Aさんと同居し、生計を一にしている。
※Aさんとその家族は、いずれも障害者および特別障害者には該当しない。
※Aさんとその家族の年齢は、いずれも2021年12月31日現在のものである。
※上記以外の条件は考慮せず、各問に従うこと。

　Ａさんの2021年分の総所得金額として正しいものはどれか。　**よく出る**

〈給与所得控除額の速算表・一部抜粋〉

給与収入の金額		給与所得控除額
超	以下	
－	180万円	収入金額×40％－10万円（最低55万円）
180万円	360万円	収入金額×30％＋8万円
360万円	660万円	収入金額×20％＋44万円

　（1）610万円　　（2）635万円　　（3）660万円

16
□□ 　Ａさんの2021年分の所得税における所得控除に関する以下の文章の空欄
①～③に入る語句または数字の組合せとして、最も適切なものはどれか。

ⅰ）Ａさんが拠出した確定拠出年金の個人型年金の掛金は、その全額が
（　①　）控除の対象となる。
ⅱ）Ａさんが適用を受けることができる配偶者控除の額は、（　②　）である。
ⅲ）Ａさんが適用を受けることができる扶養控除の額は、（　③　）である。

　（1）①小規模企業共済等掛金　②38万円　③38万円
　（2）①小規模企業共済等掛金　②26万円　③63万円
　（3）①社会保険料　　　　　　②38万円　③63万円

17
□□ 　Ａさんの2021年分の所得税の確定申告に関する次の記述のうち、最も適
切なものはどれか。

　（1）Ａさんは、公益社団法人への寄附に係る寄附金控除について、年末調整で
は適用を受けることができないため、所得税の確定申告が必要である。
　（2）一時払養老保険の満期保険金の保険差益は、雑所得として総合課税の対象
になり、保険差益が20万円を超えるため、確定申告が必要である。
　（3）確定申告書は、原則として、2021年2月16日から3月15日までの間にＡ
さんの勤務地を所轄する税務署長に提出する必要がある。

4
タックスプランニング

実技

15 正解（1） A

給与所得は、収入から給与所得控除額を控除して求めます。

給与収入 － 給与所得控除額
＝800万円 －（800万円 × 10％ ＋ 110万円）
＝610万円…①

一時払養老保険（10年満期）の満期保険金は、一時所得に該当し、下記の算式によって求めます。

総収入金額 － 収入を得るために支出した金額 － 特別控除額（最高50万円）
＝320万円 － 270万円 － 50万円 ＝ 0円…②
① ＋ ② ＝ 610万円

16 正解（1） B

ⅰ）確定拠出年金の個人型年金の掛金は、その全額が小規模企業共済等掛金控除の適用の対象となります。

ⅱ）妻Bさんは収入がないため控除対象配偶者に該当し、Aさんは配偶者控除の適用を受けることができます。Aさんの合計所得金額は900万円以下なので、控除額は38万円です。

ⅲ）長男Cさんは17歳で収入がないため、控除対象扶養親族に該当し、控除額は38万円です。

17 正解（1） B

（1）適切。寄附金控除は、年末調整で適用を受けることができません。そのため、Aさんが寄附金控除の適用を受けるためには確定申告が必要です。

（2）不適切。一時払養老保険（満期5年超）の満期保険金は一時所得に該当します。Aさんの場合、満期保険金から一時払保険料と特別控除の50万円を差し引くと一時所得がゼロになるため、確定申告は不要です。

（3）不適切。所得税の確定申告は、原則として、翌年の2月16日から3月15日までの間に、納税者本人の住所地の所轄税務署長に提出します。

第5章

不動産

重要ポイント

学科	・土地の価格と不動産登記の考え方を理解しましょう。
	・宅地建物取引業法では、一般媒介契約と専属専任媒介契約の違いが出題されやすいです。
	・建築基準法は最も出題頻度が高い項目です。道路の制限、接道義務、建蔽率、容積率の理解が重要です。
	・不動産の税金は、不動産を取得・保有・譲渡するときにどのような税金がかかるかを整理して押さえましょう。
実技	・資産設計提案業務では、建蔽率、容積率の計算問題が毎回出題されます。前面道路の幅員による容積率の制限は難易度が高いです。
	・個人資産相談業務でも、建蔽率、容積率の計算問題が毎回出題されます。その他に、不動産の有効活用も出題頻度が高いです。

▶**過去5回分の出題傾向**

	学科	実技	
	共通	資産	個人
不動産の仕組み	A		
不動産登記	C	C	
不動産取引	B		
宅地建物取引業法	C		
借地借家法	A		C
区分所有法	B		
都市計画法	C		
建築基準法	A	A	A
不動産の税金	A	C	A
不動産の有効活用	A		A

Aは必修、
Bはよく出る、
Cはたまに出る
テーマだよ！

※「資産」は日本FP協会の資産設計提案業務、「個人」は金財の個人資産相談業務を示しています。

次の各文章について、一問一答問題では適切なものに○を、不適切なものに ×を付けましょう。また、三肢択一問題では（　　）内にあてはまる最も適切 な文章、語句、数字またはそれらの組合せを(1)～(3)のなかから選びましょう。

① 不動産の見方

一問一答問題

1 国土交通省の土地鑑定委員会が公示する公示価格は、毎年１月１日を価格 判定の基準日としている。 **よく出る**

2 収益還元法は、不動産の鑑定評価の手法のうち、不動産の再調達に必要な 原価に着目して、不動産の価格を求める手法である。

3 不動産の登記記録において、抵当権に関する登記事項は、権利部の甲区に 記録される。 **よく出る**

4 不動産登記には公信力があるため、登記内容を正しいと信じて取引した場 合には、法的に保護される。

5 借地権はそれ自体の登記がなくても、借地上に所有する建物の登記を行う ことにより、また、借家権は建物の引渡しを受けることにより、第三者へ の対抗力が生じる。

三肢択一問題

6 相続税評価額（路線価）とは、相続税、贈与税等を算出する際の基礎とな る価格で、毎年（　①　）現在の価格を国税局が発表し、評価額は （　②　）程度の水準となっている。
（1）① ７月１日　② 公示価格の６割
（2）① １月１日　② 公示価格の７割
（3）① １月１日　② 公示価格の８割

● 問題の難易度について、**A** は難しい、**B** は普通、**C** は易しいことを示しています。

正解

公示価格は、地価公示法に基づいて、国土交通省の土地鑑定委員会が公表する土地の価格で、**毎年1月1日を基準日**として、3月下旬頃に公表されます。

○

収益還元法とは、対象不動産が将来生み出すであろうと期待される収益をもとに、対象不動産の資産価格を求める手法をいいます。設問は原価法についての記述です。

×

不動産の登記記録において、**権利部の甲区**には**所有権**に関する事項が記録され、**権利部の乙区**には**抵当権**、地上権、賃借権等の**所有権以外の権利**に関する事項が記録されます。

> 不動産登記簿では、表題部、権利部（甲区・乙区）に記載されている内容を押さえましょう。

×

不動産登記には、**公信力がありません**。そのため、登記を信用して無権利者と取引をしても保護されません。

×

借地権は、**借地上に所有する建物の登記を行う**ことにより、また、借家権は、**建物の引渡しを受ける**ことにより、それぞれ第三者への**対抗力**が生じます。

○

相続税評価額（路線価）とは、相続税、贈与税等を算出する際の基礎となる価格で、毎年**1月1日現在**の価格を国税局が発表します。相続税評価額の水準は、**公示価格の8割程度**となっています。

(3)

7 不動産の評価時点の再調達原価を求め、ここから種々の減価要因を考慮した減価修正を行って、対象不動産の資産価格を求める鑑定評価手法を（　　　　）という。

（1）原価法

（2）収益還元法

（3）取引事例比較法

8 建物を新築した場合、所有者は（　　　　）以内に、表示に関する登記を行う義務がある。

（1）1ヵ月

（2）3ヵ月

（3）1年

❷ 不動産の取引

一問一答問題

1 宅地建物取引業者が自ら売主となる場合は、代金の1割を超える手付金を受け取ってはならない。

2 購入した不動産に、契約された内容と適合しない瑕疵（不適合）があった場合、買主はその不適合を知ったときから1年以内に売主にその不適合を通知することで、売主に対して追完請求などを行うことができる。 **よく出る**

3 宅地や建物の賃貸に当たっては、自ら貸借を行う場合であっても、貸主は宅地建物取引業の免許が必要である。

原価法は、建物を評価する場合であれば、その物件と同じ建物を建築するといくらかかるのかを計算し、そこから、時間の経過により生じている減価に応じた修正を行うことで評価する方法です。

表示に関する登記については、原則として、所有者に登記義務が課せられ、建物を新築してから**1ヵ月以内**に表示に関する登記をしなければなりません。なお、権利に関する登記は任意となっています。

宅地建物取引業者が自ら売主になる場合は、代金の**2割**を超える手付金を受け取ってはならないことが定められています。なお、手付は一般に「解約手付」を指します。

改正民法では、不動産の売買に当たって、契約の内容と適合しない瑕疵（不適合）があった場合、買主はその不適合を知ったときから**1年以内**に売主に通知することで、追完請求（補修などの請求）や代金減額の請求、損害賠償の請求などを行うことができます。

不適合が軽微な場合を除いて、買主は契約を解除することができます。

宅地建物取引業とは、宅地・建物の取引を業として行うことであり、自ら貸借することは、宅地建物取引業には該当しないため、**宅地建物取引業法の免許は不要**です。

5
不動産

学科

4 宅地建物取引業法の規定によれば、宅地建物取引業者が依頼者と締結する
□□ 宅地または建物の媒介契約のうち、専属専任媒介契約の有効期間は、最長
で6ヵ月である。 **よく出る**

5 借地借家法の規定によれば、定期建物賃貸借契約（定期借家契約）の期間
□□ 満了後、借主から更新の請求があった場合は、貸主は、正当な事由がなけ
ればそれを拒むことはできない。

6 定期借地権のうち事業用借地権は、専ら事業の用に供する建物の所有を目
□□ 的として10年以上50年未満の期間で定めることができるが、一部でも居
住用部分がある場合には利用することができない。

三肢択一問題

7 不動産取引において、買主が売主に解約手付を交付したときは、相手方が契
□□ 約の履行に着手するまでは、買主はその手付を放棄することで、売主はその
（　　　）を償還することで、それぞれ契約を解除することができる。 **よく出る**
（1）手付の2分の1相当額
（2）手付の額
（3）手付の倍額

8 不動産の売買契約を締結した後で、引渡し前に建物が自然災害など売主買
□□ 主のいずれの責任でもない理由で滅失した場合、民法では（　　　）がそ
の危険を負担すると定めている。
（1）宅地建物取引業者　（2）売主　（3）買主

宅地建物取引業法における専属専任媒介契約の有効期間は、最長で**3ヵ月**です。

3つの媒介契約の比較

	一般媒介契約	専任媒介契約	専属専任媒介契約
他の業者への依頼	○	×	**×**
自己発見取引	○	○	×
有効期間	定めなし	3ヵ月	**3ヵ月**
依頼主への 報告義務	なし	2週間に1回以上	**1週間に1回以上**

×
A

定期借家契約は、契約で決められた期間が満了すると契約が終了する借家契約で、**契約の更新はありません**。普通借家契約では契約の更新があり、期間が満了後、借主から更新の請求があった場合、貸主は正当な事由がなければ、それを拒むことはできません。

×
B

事業用借地権は、一部でも**居住用部分があると利用できません**。したがって、賃貸マンションや社宅、寮などを建築する場合、事業用借地権を利用することはできません。

○
C

買主が解約手付を交付した場合、相手方が契約の履行に着手する前までは、**買主は手付を放棄**し、または**売主は手付の倍額を償還**することで売買契約を解除することができます。

(3)
B

売買契約を締結後、引渡し前に売主と買主のどちらの責任でもない自然災害などで建物が滅失した場合、改正民法では**売主がその責任を負う**ことが定められています。買主は契約を解除することができ、売主は直ちに手付金を買主に返還しなくてはなりません。

(2)
B

9 宅地建物取引業法の規定によれば、宅地または建物の取引について宅地建物取引業者が依頼者と締結する媒介契約のうち、専任媒介契約の有効期間は、最長で（　　　）である。
- （1）1ヵ月
- （2）3ヵ月
- （3）6ヵ月

10 借地借家法による普通借地権設定の際の存続期間は、当事者間に期間の定めがない場合、（　　　）年となる。
- （1）10
- （2）30
- （3）50

11 定期借地権のうち、一般定期借地権の契約方式は（　　　）。
- （1）書面であればよい
- （2）公正証書でなければならない
- （3）特に定めはない

❸ 不動産に関する法令上の規制

一問一答問題

1 区分所有法において、各区分所有者がその専有部分を所有するための建物の敷地に関する権利のことを敷地利用権といい、専有部分と分離して自由に処分することができる。

2 建物の区分所有等に関する法律（区分所有法）の規定によれば、集会において、区分所有者および議決権の各5分の4以上の多数により、建替え決議をすることができる。 **よく出る**

3 市街化調整区域は、すでに市街地を形成している区域およびおおむね10年以内に優先的かつ計画的に市街化を図るべき区域のことである。 **よく出る**

専任媒介契約の有効期間は**3ヵ月**が上限とされており、3ヵ月を超える契約を締結した場合には、有効期間は3ヵ月とみなされます。

(2)

B

借地借家法による**普通借地権設定の際の存続期間**は、期間の定めがない場合、**30年**となり、更新後の存続期間は、最初が20年、2回目以降が10年となります。

(2)

A

一般定期借地権の契約方式については、**公正証書等の書面であればよい**、と定められており、必ずしも公正証書でなくてもかまいません。

(1)

B

敷地利用権とは、専有部分を所有するための、建物の敷地に関する権利をいいます。原則として、規約等に別段の定めのない限り、**敷地利用権を専有部分と分離して処分することはできません。**

×

A

区分所有法に基づく建替え決議は、区分所有者およびその議決権の各**5分の4以上**の多数の賛成により成立します。

○

B

市街化調整区域とは、**市街化を抑制すべき区域**です。設問は市街化区域についての記述です。

×

C

5
不動産

学科

4 都市計画法の規定によれば、市街化区域で行う開発行為は、1,000㎡未満の小規模開発の場合、都道府県知事の許可は不要である。

5 都市計画区域および準都市計画区域内の建築物の敷地は、原則として幅員4m以上の建築基準法上の道路に2m以上接していなければならない。

よく出る

6 建蔽率の限度が10分の8と定められた地域内で、かつ防火地域内にある耐火建築物等については、建蔽率の限度は10分の9となる。

三肢択一問題

7 建物の区分所有等に関する法律において、マンションの老朽化を理由に建替えをするには、集会において区分所有者、および議決権の各（　　　　）以上の多数による決議が必要である。**よく出る**

（1）3分の2
（2）4分の3
（3）5分の4

8 都市計画法では、市街化区域には都市施設として、少なくとも、道路、公園、（　　　　）が定められることになっている。

（1）学校　（2）図書館　（3）下水道

都市計画法による開発許可制度では、市街化区域における小規模開発、農林漁業用建築物の場合は、**1,000㎡未満**であれば、都道府県知事の許可は不要となっています。

都道府県知事の開発許可が不要な開発行為

	小規模開発	農林漁業用建築物	公的機関が行う開発
市街化区域	1,000㎡未満は不要		
市街化調整区域	必要	不要	不要
非線引き区域 準都市計画区域	3,000㎡未満 は不要		

○ A

都市計画区域および準都市計画区域内の建物は、原則として、**幅員4m以上の建築基準法上の道路に2m以上**接していなければなりません。これを**接道義務**といいます。ただし、敷地の周囲に広い空地がある建築物等で特定行政庁が許可したものは、例外となります。

○ B

防火地域内における耐火建築物等、準防火地域内にある耐火建築物、準耐火建築物等や特定行政庁が指定する角地については、建蔽率が10分の1緩和されるのが原則ですが、**建蔽率が10分の8と定められた地域内で、かつ防火地域内にある耐火建築物等**については、**建蔽率の制限はなくなります**。

× A

建替えについては、区分所有者、および議決権の各**5分の4以上**の多数による集会の決議が必要です。

規約の設定、変更、廃止については各4分の3以上の多数による集会の決議が必要となります。

(3) C

市街化区域には都市施設として少なくとも、**道路**、**公園**、**下水道**を必ず定めなければなりません。また、住居系の用途地域には、義務教育施設を必ず定めなければなりません。

(3) C

9 都市計画区域および準都市計画区域内における建築物の敷地は、原則として、建築基準法上の道路に（　　　）以上接していなければならない。

よく出る

（1）2 m　（2）4 m　（3）8 m

10 建築基準法によれば、住宅・共同住宅・老人ホームは、原則として（　　　）以外の用途地域に建築することができる。

（1）商業地域　（2）工業地域　（3）工業専用地域

11 建築物が防火地域、準防火地域にまたがる場合は、（　　　）の規制が適用される。

（1）準防火地域　（2）防火地域　（3）敷地の過半を占める地域

④ 不動産の取得・保有に係る税金

一問一答問題

1 不動産取得税は、不動産を取得した者が納税義務者となり、所有権の登記をしていなくても課税される。

2 相続により不動産を取得した場合、不動産取得税は課税されるが、登録免許税は課税されない。　よく出る

3 固定資産税における小規模住宅用地（住宅用地で住宅1戸当たり200㎡以下の部分）の課税標準については、当該住宅用地に係る固定資産税の課税標準となるべき価格の2分の1の額とする特例がある。

4 固定資産税は毎年4月1日現在において、その不動産の所有者として固定資産課税台帳に登録されている者が納税義務者となる。

都市計画区域および準都市計画区域内の建築物の敷地は、建築基準法上の道路に**2m以上**接していなければなりません。これを**接道義務**といいます。

(1)

C

神社・教会・派出所・診療所・公衆浴場・保育所等はすべての用途地域で建築できますが、住宅・共同住宅・老人ホーム等は、**工業専用地域**では建築できません。

(3)

B

建築物が**防火地域**・準防火地域・これらの地域として指定されていない地域にまたがる場合は、**最も制限の厳しい地域の規制が適用**されます。防火地域の規制が最も厳しいので、建築物が防火地域と準防火地域にまたがる場合は、**防火地域の規制が適用**されます。

(2)

A

不動産取得税は、**登記の有無、有償・無償の別を問わず**、不動産の所有権を現実に取得した者に対して課税されます。

○

B

相続により不動産を取得した場合、**不動産取得税は課税されません**が、登録免許税は課税されます。

×

B

固定資産税において、住宅用地について課税標準が一定の割合で減額される特例により、小規模住宅用地となる1戸当たり**200㎡以下**の土地部分については、固定資産税評価額の**6分の1**が課税標準となります。

1戸当たり200㎡超の土地部分については、固定資産税評価額の3分の1が課税標準となります。

×

A

固定資産税は、毎年**1月1日現在**において固定資産の所有者として固定資産課税台帳に登録されている者が納税義務者となります。

×

C

5 都市計画税は、住宅用地について課税標準の特例があり、小規模住宅用地
☐☐ （200㎡以下の部分）については固定資産税評価額が6分の1に、一般住
宅用地（200㎡超の部分）については3分の1になる。

6 不動産取得税の課税標準は、原則として（　　　）である。 **よく出る**
☐☐ （1）公示価格
（2）固定資産課税台帳に登録された価格
（3）通常の取引価額

7 不動産の所有権を取得した者に対して課税する不動産取得税の課税主体は、
☐☐ （　　　）である。
（1）国　（2）都道府県　（3）市町村

8 不動産取得税では、住宅とその敷地を取得した場合に、課税標準等に関す
☐☐ る特例が設けられており、一定の要件を満たす新築住宅を取得した場合は、
住宅の課税標準から（　　　）を控除することができる。
（1）1,000万円　（2）1,200万円　（3）3,000万円

9 登録免許税では、一定の住宅用家屋を取得した場合に、所有権保存登記、
☐☐ 所有権移転登記、抵当権設定登記について、（　　　）の特例がある。
（1）軽減税率　（2）税額控除　（3）課税標準の軽減

10 印紙税は課税文書に印紙を貼り、それを消印することにより、国に納付す
☐☐ る税金であるが、（　　　）は、課税対象となる文書にあたらないため課
税されない。
（1）売買契約書　（2）土地の賃貸借契約書　（3）建物の賃貸借契約書

11 都市計画税は、都市計画事業または土地区画整理事業に要する費用にあて
☐☐ るため、原則として（　　　）の土地、および家屋の所有者に対して市町
村が課税する税金である。
（1）市街化区域内　（2）市街化調整区域内　（3）都市計画区域内

都市計画税や固定資産税は、住宅用地について課税標準の特例があります。都市計画税の場合、小規模住宅用地（**200㎡以下**の部分）については固定資産税評価額が**3分の1**に、一般住宅用地（**200㎡超**の部分）については**3分の2**になります。

正解 ✕ A

不動産取得税の課税標準は、原則として、**固定資産課税台帳登録価格（固定資産税評価額）**を用います。

(2)

B

不動産取得税とは、不動産を取得した者に対して、その不動産の所在する**都道府県が課税**する税金です。

(2)

C

不動産取得税では、新築住宅を取得した場合、住宅の**課税標準から1,200万円**を控除することができる特例が設けられています。一定の要件を満たす中古住宅を取得した場合は、その建物の新築時期により課税標準から控除できる額が異なります。

(2)

A

登録免許税では、一定の住宅用家屋（土地は除く）を取得した場合、所有権保存登記、所有権移転登記、抵当権設定登記については、税率を引き下げる**軽減税率**の特例があります。

(1)

B

建物の賃貸借契約書、委任状等は印紙税の課税文書にはあたらないので、印紙税は非課税となります。また、課税文書に印紙が貼付されていない場合や消印をしなかった場合は過怠税などの対象となりますが、文書の効力には影響がありません。

(3)

A

都市計画税は、原則として、毎年**1月1日現在**において、**市街化区域内**に土地、建物を所有する者に対して、**市町村が課税**する税金です。

(1)

B

5
不動産

学科

❺ 不動産の譲渡に係る税金

1 個人が賃貸アパートの敷地および建物を売却したことにより生じた所得は、
□□ 不動産所得となる。 **よく出る**

2 不動産の売買において、土地の譲渡の場合には消費税の課税対象とならな
□□ いが、建物の譲渡の場合には消費税の課税対象となる。

3 譲渡所得の計算に当たって、取得費が不明な場合には、譲渡による収入金
□□ 額の10％（概算取得費）を取得費とすることができる。

4 譲渡した日の属する年の1月1日において、所有期間が5年以内の短期譲
□□ 渡の場合、居住用財産を譲渡した場合の3,000万円特別控除は、適用する
ことができない。 **よく出る**

5 居住用財産を譲渡した場合の軽減税率は、3,000万円特別控除を適用した
□□ 後、譲渡所得金額の6,000万円以下の部分の税率が軽減される。

6 居住用財産の買換えの場合の譲渡損失の繰越控除の特例と住宅ローン控除
□□ は、併用することができない。

7 土地や建物等を譲渡する場合、その譲渡する日の属する年の1月1日にお
□□ ける所有期間が（　　　）を超える場合は、所得税の計算上、長期譲渡所
得となる。 **よく出る**
(1) 3年
(2) 5年
(3) 10年

個人が賃貸アパートの敷地および建物を売却したことにより生ずる所得は、**譲渡所得**です。なお、アパートの賃貸によって生ずる賃料等は、不動産所得となります。

不動産取引で消費税の課税対象とならないものは、**土地の譲渡・貸付（一時的使用は除く）、土地の購入、住宅の貸付等**です。

譲渡所得の計算をする際に、取得費が不明の場合は**概算取得費**を使うことができます。概算取得費は、**譲渡収入金額の5％**です。

居住用財産を譲渡した場合の3,000万円特別控除は、**所有期間に係わらず**適用を受けることができます。

譲渡した日の属する年の1月1日において、所有期間が10年を超える居住用財産を譲渡した場合の軽減税率は、**3,000万円特別控除を適用した後**、譲渡所得金額の**6,000万円以下の部分**の税率が**14％**（所得税10％、住民税4％）に軽減されるという特例です。

居住用財産の買換えの場合の譲渡損失の繰越控除の特例を受ける場合には、買換資産の要件として、一定の住宅ローンを組む必要があり、**住宅ローン控除と併用**することができます。

土地や建物の譲渡は所得税・住民税の対象となり、土地や建物等を譲渡する日が属する年の**1月1日における所有期間**が、**5年を超える場合は長期譲渡所得**となり、5年以下の場合は短期譲渡所得となります。

8 個人が土地や建物等を譲渡した場合における長期譲渡所得の所得税と住民
□□ 税の合計の税率は（　　　）である。
（1）39％
（2）26％
（3）20％

9 居住用財産を譲渡した場合、一定の要件を満たせば、譲渡所得金額から
□□ 3,000万円を控除することができる特例は（　　　）。 **よく出る**
（1）居住用財産（所有期間10年超）の軽減税率の特例との併用が可能で
ある
（2）居住用財産の買換えの特例との併用が可能である
（3）他の特例との併用は一切できない

10 居住用財産を譲渡した場合、新たに居住用財産を買い換えなくても、その
□□ （　　　）を限度に、譲渡した年の他の所得と損益通算した後、さらに残っ
た譲渡損失の金額を翌年以降3年間にわたって繰越控除することができる。
（1）譲渡損失額
（2）住宅ローン残高の額
（3）譲渡価格を超える住宅ローン残高

6 不動産の有効活用

一問一答問題

1 不動産投資の利回り計算において、純利回りとは年間収入合計を投資額で
□□ 除して求めるもので、不動産投資の表面的な収益性を計ることができる。

2 等価交換方式は、土地を多く持つが現預金も収入も少ない人が土地を有効
□□ 活用する場合に有効である。

個人が土地や建物等を譲渡した場合の課税譲渡所得の所得税と住民税の合計の税率は次のとおりとなります。

📖✏️ **課税長期・短期譲渡所得の税率**

課税長期譲渡所得	20%（所得税15%、住民税5%）
課税短期譲渡所得	39%（所得税30%、住民税9%）

居住用財産を譲渡した場合の3,000万円特別控除と、居住用財産（所有期間10年超）の軽減税率の特例は、**併用**することができます。

居住用財産を譲渡した場合、その**譲渡価格を超えるローン残高**を限度に、譲渡した年の他の所得と損益通算することができます。さらに残った譲渡損失がある場合は、翌年以降3年間、繰越控除が認められます。

この特例は、住宅を買い換えた場合でなくても適用を受けることができます。

不動産投資の表面的な収益性を計るために年間収入合計を投資額で除して求めるものは、単純利回りです。**純利回り**は、**諸経費を考慮した純収益**をもとに求めます。

等価交換方式とは、**土地所有者が土地を提供**し、**デベロッパーが建築費用を出資**し、それぞれの出資割合によって開発後の土地・建物を取得する手法で、土地を多く持っているが現預金などが少ない場合の不動産の活用法として有効です。

3 ☐☐ 土地の有効活用方式のうち、一般に、土地所有者が土地の全部または一部を拠出し、デベロッパーが建設費等を拠出して、それぞれの出資比率に応じて土地・建物に係る権利を取得する方式を、（　　　）という。

（1）事業受託方式　（2）等価交換方式　（3）定期借地権方式

4 ☐☐ 借地権設定時における借地権設定の対価の額が、時価の（　①　）を超える場合の所得は（　②　）となり、それ以下は（　③　）となる。

（1）① 2分の1　② 譲渡所得　③ 不動産所得

（2）① 2分の1　② 不動産所得　③ 譲渡所得

（3）① 3分の1　② 譲渡所得　③ 不動産所得

5 ☐☐ 個人が行うアパートや貸家の収入等は、原則として、不動産所得の対象となるが、（　　　）は、不動産所得とならない。

（1）借地権の更新料

（2）土地信託における信託配当

（3）社員寮の貸付としての対価

6 ☐☐ 不動産投資の採算性を評価する尺度の中で、（　　　）とは、ネット利回りやキャップレートともいわれ、年間の賃料収入から実質費用を控除した純収益を投資額で除することによって算出するものである。 **よく出る**

（1）単純利回り　（2）純利回り　（3）キャッシュ・オン・キャッシュ

7 ☐☐ （　　　）は、建設・賃貸事業を一括してデベロッパー等が請け負うため、土地所有者は、不動産事業に関する事業者のノウハウを利用することができる。

（1）自己建設方式　（2）事業受託方式　（3）等価交換方式

8 ☐☐ 土地所有者が土地を信託銀行に信託し、信託銀行が資金面や事業面を請け負う土地信託方式において、土地所有者が受け取る収益は（　　　）として所得税が課税される。

（1）利子所得　（2）配当所得　（3）不動産所得

土地所有者が土地の全部または一部をデベロッパー等に譲渡し、デベロッパー等が建設費等を拠出してその土地の上に建てた建物の一部を、地主が等価で取得するという方式を**等価交換方式**といいます。

(2)

B

借地権設定時における借地権設定の対価の額が、時価の**2分の1**を超える場合の所得は**譲渡所得**となり、それ以下は**不動産所得**となります。

(1)

A

社員寮の貸付としての対価は不動産所得とはならず、**事業所得**となります。

(3)

A

不動産投資の採算性を評価する尺度の中で、**純利回り**とは、**年間の賃料収入から実質費用を控除した純収益を投資額（不動産価格）で除す**ことによって算出する利回りです。

(2)

B

5
不動産

学科

事業受託方式は、**建設・賃貸事業を一括してデベロッパー等が請け負う**土地の有効活用の方法です。土地所有者は、不動産事業に関する事業者のノウハウを利用することができますが、事業報酬を支払うコストが掛かります。

(2)

B

土地信託方式で、**土地所有者が受け取る収益は信託配当**であり、**不動産所得**として所得税が課税されます。

(3)

B

実技試験対策

建蔽率と容積率の
計算問題は毎回出ます！

協会|資産 は日本FP協会の資産設計提案業務に、金財|個人 は金財の個人資産相談業務に対応した問題を示しています。

第1問 次の設例に基づいて、次の各問（ 1 〜 3 ）に答えなさい。

協会|資産

設例

　大島さんは、現在駐車場として使用している下記土地の有効活用を考えており、不動産業者の田中さんから、アパートの建築を提案されている。（アパートの建設費：1億2,000万円、完成予定日：2022年3月）

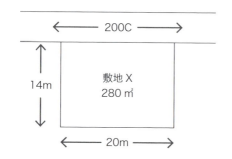

敷地 X	
第一種住居地域	
前面道路幅員	4 m
建蔽率	60%
容積率	200%
借地権割合	70%
借家権割合	30%

※設例に記載されている項目以外は考慮しないものとする。

1 路線価に関する次の記述のうち、最も適切なものはどれか。

（1）図の200Cの「200」は、1㎡当たりの価額が200千円であることを示している。

（2）図の200Cの「200」は、容積率が200％であることを示している。

（3）図の200Cの「C」は、この道路に面している敷地が第一種住居地域であることを示している。

2 この敷地に建築できるアパートの延べ面積（床面積の合計）の最高限度として正しいものは、次のうちどれか。 **よく出る**

(1) $280\,\text{㎡} \times 60\,\% = 168\,\text{㎡}$

(2) $280\,\text{㎡} \times 4\,\text{m} \times 4/10 = 448\,\text{㎡}$

(3) $280\,\text{㎡} \times 200\,\% = 560\,\text{㎡}$

3 大島さんが、その後アパートを建築した場合において、大島さんのアパートから生じる不動産所得に関する次の記述のうち、最も不適切なものはどれか。

(1) 不動産所得は、総収入金額から必要経費を控除して求めるが、このとき大島さんのアパートの減価償却費は必要経費として計上できる。

(2) 大島さんの不動産所得について生じた損失は、原則として、損益通算の対象となる。

(3) 大島さんが受け取ったアパートの敷金（返還を要するもの）、礼金はすべてその年の収入金額に計上する。

5
不動産

実技

1 **正解（1）** **C**

　路線価方式とは、評価対象の宅地に面する道路に付された**路線価をもとにして宅地を評価する**方式です。

　設問において、200 C の「200」は、**1㎡当たりの価額が200千円**であることを示しています。また、数字の後に記載されているアルファベットは**借地権割合**を表しており、「C」は**70%**であることを示しています。

2 **正解（2）** **B**

　この敷地は幅員が12m未満の前面道路に接しているので、**前面道路の幅員による容積率制限を考慮する**必要があります。

　　敷地Xの容積率：$4\,\text{m} \times \dfrac{4}{10} = 16/10 = 160\% < 200\%$　∴160%

　したがって、この敷地に建築できるアパートの延べ床面積の最高限度は、以下のようになります。

　　280㎡×160%＝448㎡

3 **正解（3）** **C**

　大島さんが受け取ったアパートの敷金（保証金）、礼金（権利金）の税金上の取り扱いは下記のとおりです。

〈敷金・保証金〉

　① 返還を要するもの　　→　総収入金額に計上しない

　② **返還を要しないもの**　→　**総収入金額に計上する**

〈礼金・権利金〉

　総収入金額に計上する

　したがって、（3）が不適切となります。

第2問 次の設例に基づいて、次の各問（ 4 ～ 5 ）に答えなさい。

協会 | 資産 　金財 | 個人

> **設例**
>
> 　安井さん（43歳）は、両親が高齢になってきたことを考えて、現在住んでいる自宅を売却して、実家の近くに自宅を新築したいと思っている。そこで、不動産の売却時の税金や、自宅を新築する際の考え方について、FPに相談することにした。

4 安井さんは、2016年9月10日に取得した土地付き住宅に居住していたが、2021年12月10日、当該土地と建物を7,000万円で譲渡することにした。取得費と譲渡費用の合計額が3,600万円である場合、この譲渡に係る所得税額（計算式）として、正しいものはどれか。なお、安井さんは、この譲渡において、居住用財産を譲渡した場合の3,000万円の特別控除の適用を受けられるものとする。また、この譲渡は国や地方公共団体等へのものではなく、収用交換によるものでもない。 **よく出る**

〈土地・建物等の譲渡所得に対する税率〉

所得の区分	長期譲渡所得	短期譲渡所得
所得税率	15％	30％

※復興特別所得税は考慮しない。

（1）（7,000万円 − 3,600万円）× 30％ − 3,000万円 ≦ 0 → 0円

（2）（7,000万円 − 3,600万円 − 3,000万円）× 15％ = 60万円

（3）（7,000万円 − 3,600万円 − 3,000万円）× 30％ = 120万円

5
不動産

実技

5
□□

建築基準法に従い、下記〈資料〉の土地に建築物を建築する場合の延べ面積（床面積の合計）の最高限度として、正しいものはどれか。なお、記載のない条件については一切考慮しないこととする。 **よく出る**

〈資料〉

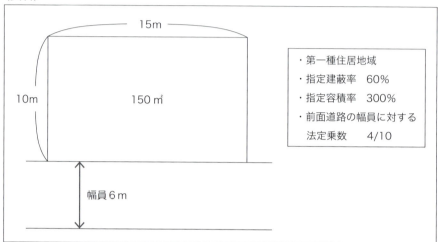

- 第一種住居地域
- 指定建蔽率　60%
- 指定容積率　300%
- 前面道路の幅員に対する
  　法定乗数　　4/10

（1）90㎡

（2）360㎡

（3）450㎡

第2問の解答と解説

4　正解（3）　B

　土地建物を譲渡した場合の長期譲渡所得と**短期譲渡所得**は、譲渡した年の1月1日現在において、**所有期間が5年以下**か、5年を超えるかにより判断します。設問では、譲渡した年の1月1日現在の所有期間は5年未満なので、短期譲渡所得に該当します。

　課税短期譲渡所得の金額は、「譲渡収入金額－（取得費＋譲渡費用）－特別控除」により計算し、所得税の税率は30％です。

　　（7,000万円－3,600万円－3,000万円）×30％＝120万円

5　正解（2）　A

　延べ面積（床面積の合計）の最高限度は、敷地面積に、その地域ごとに設定された容積率（指定容積率）を掛けることによって求めることができます。ただし、**敷地の前面道路の幅員が12m未満の場合**には、その**前面道路の幅員（m）の数値に法定乗数**（原則として、住居系の地域の場合：10分の4、住居系以外の地域の場合：10分の6）**を乗じた容積率と指定容積率とを比較し、いずれか低い（厳しい）ほう**がその容積率となります。

　設問の土地の場合、6m×4/10＝24/10＝240％＜300％（指定容積率）となり、低いほうの240％がその容積率となります。

　よって、延べ面積（床面積の合計）の最高限度は、150㎡×240％＝**360㎡**となります。

容積率における前面道路の幅員による制限は、難易度が高いです。でも、頻出の問題なので頑張って理解しましょう！

5
不動産

実技

設例

会社員の金沢さんは、2021年3月に新築一戸建を購入し、すぐに入居した。

新築一戸建購入価格	：	4,300万円（うち消費税200万円）
銀行からの融資予定額	：	2,800万円
返済期間	：	25年

6 　登録免許税の課税標準に関する下記の空欄①～③に入る語句の組合せとして、次のうち最も適切なものはどれか。

所有権保存登記………課税標準（　①　）×税率

所有権移転登記………課税標準（　②　）×税率

抵当権設定登記………課税標準（　③　）×税率

（1）① 固定資産税評価額等　　② 固定資産税評価額等　　③ 債権金額
（2）① 固定資産税評価額等　　② 売買金額　　　　　　　③ 売買金額
（3）① 売買金額　　　　　　　② 固定資産税評価額等　　③ 売買金額

7 　不動産の取得時や取得後に納めるべき税金と課税主体の組合せとして、次のうち最も適切なものはどれか。

（1）不動産取得税 － 国
（2）固定資産税　 － 都道府県
（3）都市計画税　 － 市町村

6 **正解（1）** C

登録免許税の課税標準は、原則として、所有権保存登記と所有権移転登記の場合は**固定資産税評価額**、抵当権設定登記の場合は**債権金額**となります。

不動産関連の税金の課税標準

不動産取得税	
所有権保存登記	固定資産税評価額
所有権移転登記	
抵当権設定登記	債権金額
固定資産税	固定資産税評価額
都市計画税	

不動産に関する税金の課税標準には、固定資産税評価額が多いですが、抵当権設定登記は債権金額が課税標準です。

7 **正解（3）** C

不動産取得税の課税主体は都道府県、固定資産税や**都市計画税**の課税主体は**市町村**です。なお、印紙税の課税主体は国です。

5
不動産

実技

201

協会 | 資産　金財 | 個人

設例

　藤田さんは、下記の条件（予定）で、2021年12月に現在住んでいるマンションを譲渡し、新たに新築マンションを購入した。なお、今回の買換えに当たり、「居住用財産の買換え等の場合の譲渡損失の繰越控除の特例」の適用を受けることができるものとする。

〈藤田さんの給与所得金額（予定）〉
　　600万円（2021年分）

〈譲渡に係る条件等（予定）〉
　　譲渡価格　　3,000万円
　　取得費　　　4,000万円
　　譲渡費用　　　200万円

〈購入に係る条件等（予定）〉
　　購入価格　　3,500万円

※設例記載事項以外は考慮しないものとする。

8 藤田さんが適用を受けようとする「居住用財産の買換え等の場合の譲渡損失の繰越控除の特例」に関する次の記述のうち、最も不適切なものはどれか。

（1）この特例の適用を受けるためには、譲渡する居住用財産に係る一定の住宅借入金等を有することが必要である。
（2）この特例の適用を受けるためには、譲渡する居住用財産について、5年超の所有期間があることが必要である。
（3）この特例の適用を受けても、住宅ローン控除の適用を受けることができる。

9 藤田さんが、設例の条件で2021年12月にマンションを譲渡した場合、譲渡所得の金額の計算上生じる損失（譲渡損失額）として正しいものは、次のうちどれか。

（1）500万円
（2）1,000万円
（3）1,200万円

10 藤田さんが、設例の条件で2021年12月にマンションを買換えた場合、譲渡所得の金額の計算上生じる損失の金額のうち、他の所得と損益通算をした後、なお控除しきれず、2022年以後3年以内の年に繰り越して控除することができる金額（損益通算後の譲渡損失の金額）として正しいものは、次のうちどれか。

（1）0円
（2）400万円
（3）600万円

5
不動産

実技

8 　**正解（1）** 　Ａ

（1）不適切。この特例の適用を受けるためには、譲渡する居住用財産ではなく、取得する居住用財産に係る一定の住宅ローン残高があることが要件となっています。

（2）適切。この特例の適用を受けるためには、譲渡する居住用財産について、**譲渡した年の1月1日において所有期間が5年超**であることが必要です。

（3）適切。この特例の適用を受けても、住宅ローン控除の適用を受けることができます。

9 　**正解（3）** 　Ｂ

　譲渡所得は「**譲渡価格－（取得費＋譲渡費用）**」の式で算出されます。設問の場合、譲渡所得（譲渡損失）の額は、以下のようになります。

　　3,000万円－（4,000万円＋200万円）＝**▲1,200万円**

10 　**正解（3）** 　Ａ

　藤田さんは、この特例の適用により2021年の課税所得がゼロとなり、所得税、住民税ともに税額はゼロとなります。

　さらに、2021年に控除しきれなかった600万円を、翌年以後3年以内の年に繰り越して控除することができます。

　　2020年の給与所得（600万円）－通算できる譲渡損失（1,200万円）

　　＝繰り越される譲渡損失 **▲600万円**

次の設例に基づいて、次の各問（ 11 ～ 13 ）に答えなさい。

協会｜資産 金財｜個人

設例

　新井さんは、投資用として賃貸用不動産を購入することを検討している。新井さんが現在検討している物件について、ファイナンシャル・プランナーの福田さんは、次のような事業計画を立てた。

〈事業計画概要〉

購入予定の賃貸用不動産	8,000万円
（土地5,000万円、建物3,000万円）	
自己資金	4,000万円
借入金	4,000万円
収入	
賃料収入	500万円
支出等	
諸費用	160万円
借入金返済額	280万円
（元金返済額160万円、	
支払利息120万円）	
減価償却費	300万円

※設例に記載されている内容以外は考慮しないものとする。

11 事業開始年に予想される不動産所得の金額として、正しいものは次のうちどれか。

（1）▲240万円　（2）▲80万円　（3）60万円

12 事業開始年に予想される収支計算（キャッシュフロー）の金額として、正しいものは次のうちどれか。

（1）▲80万円　（2）60万円　（3）220万円

5
不動産

実技

13 仮に、新井さんの事業開始年の不動産所得に損失が生じた場合の他の所得
□□ との損益通算に関する次の記述のうち、最も適切なものはどれか。 **よく出る**

（1）不動産の購入代金に係る借入金利子はすべて損益通算の対象とすることが
できる。

（2）不動産の購入代金に係る借入金利子のうち、建物を取得するために要した
負債の利子の額に相当する金額は、損益通算の対象とすることができない。

（3）不動産の購入代金に係る借入金利子のうち、土地を取得するために要した
負債の利子の額に相当する金額は、損益通算の対象とすることができない。

11 **正解（2）** B

不動産所得は、「収入 − 必要経費」の式で算出されます。

〈収入〉　　　500万円…①

〈必要経費〉　　160万円 + 120万円 + 300万円 = 580万円…②

〈不動産所得〉　①−② ➡ 500万円 − 580万円 = ▲80万円

なお、不動産所得の計算において、借入金の元本返済額は必要経費になりません。

12 **正解（2）** A

収支計算は次のとおりです。

〈収入〉　　　500万円…①

〈支出〉　　　160万円 + 280万円 = 440万円…②

〈不動産収支〉　①−② ➡ 500万円 − 440万円 = 60万円

減価償却費は現金支出を伴わない費用であるので、収支計算（キャッシュフロー）には影響しません。

13 **正解（3）** B

不動産所得に損失が生じた場合は、その損失をその年の他の所得と通算することができますが、不動産の購入代金に係る借入金利子のうち、土地を取得するために要した負債の利子の額に相当する金額は、損益通算の対象とすることができません。

「土地を取得するために要した負債の利子は損益通算の対象外」は、覚えておくと高得点が狙えます！

5
不動産

実技

次の設例に基づいて、次の各問（ 14 ～ 16 ）に答えなさい。

金財｜個人

設例

　会社員のAさん（58歳）は、相続により取得した父親Bさんの自宅（甲土地：300㎡、建物180㎡）を有効活用したいと思っている。そこで、知人の不動産業者のMさんに相談したところ、「甲土地は立地がいいので、分譲マンション等の需要が高い。数年後に売却しても価格が大幅に下落することはないと考えられる。当面は、定期借家契約で賃貸し、数年後に売却してはどうか」とアドバイスを受けた。

　甲土地の概要は、以下のとおりである。

〈甲土地の概要〉

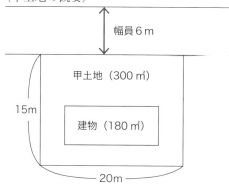

用途地域　　：第一種住居地域
指定建蔽率　：60％
指定容積率　：200％
前面道路幅員による容積率の制限
　　　　　　：前面道路幅員 × $\frac{4}{10}$
防火規制　　：準防火地域

・指定建蔽率および指定容積率とは、それぞれ都市計画において定められた数値である。
・特定行政庁が都道府県都市計画審議会の議を経て指定する区域ではない。

※上記以外の条件は考慮せず、各問に従うこと。

14 甲土地に耐火建築物を建築する場合の①建蔽率の上限となる建築面積と②容積率の上限となる延べ面積の組合せとして、次のうち最も適切なものはどれか。 よく出る

(1) ① 180㎡　② 600㎡
(2) ① 210㎡　② 600㎡
(3) ① 210㎡　② 720㎡

15 定期借家契約に関してMさんがAさんに説明した次の記述のうち、最も適切なものはどれか。

(1)「定期借家契約は、期間満了により賃貸借契約が終了するため、確実に建物の明渡しを受けることができます」
(2)「定期借家契約の契約期間は最低でも2年間と定められています。最長の契約期間の定めはないので、自宅の売却時期に応じた2年以上の契約期間を定めることができます」
(3)「定期借家契約は、公正証書により行うことが定められています」

16 Aさんが相続により取得した父親Bさんの自宅（甲土地および建物）を売却した場合の課税関係に関する次の記述のうち、最も適切なものはどれか。 よく出る

(1) 所定の要件を満たせば、所有期間に係わらず、居住用財産を譲渡した場合の3,000万円特別控除の特例の適用を受けることができる。
(2) 譲渡所得を計算する際の取得費が不明の場合は、概算取得費として収入金額の10％相当額を取得費とすることができる。
(3) 居住用財産を譲渡した場合の軽減税率の特例の適用を受けた場合、居住用財産を譲渡した場合の3,000万円特別控除の特例の適用は受けられない。

---

14 正解（**2**） **A**

　建蔽率の上限となる建築面積は、敷地面積に、その地域ごとに指定された建蔽率を掛けることによって求められますが、設問の土地は、準防火地域であるため、耐火建築物、準耐火建築物等を建築する場合は、建蔽率が10％緩和されます。

$$300㎡ × （60％ + 10％） = 210㎡$$

　延べ面積の最高限度は、敷地面積にその地域ごとに指定された容積率（指定容積率）を掛けることによって求めることができますが、敷地の前面道路の幅員が12ｍ未満の場合、その前面道路の幅員(m)の数値に法定乗数を乗じた容積率と指定容積率を比較し、いずれか低い(厳しい)ほうがその容積率となります。

　設問の土地の場合、6ｍ × 4/10 = 24/10（240％） ＞200％（指定容積率）となり、低いほうの200％が容積率となります。よって、延べ面積の最高限度は、

$$300㎡ × 200％ = 600㎡ となります。$$

---

15 正解（**1**） **B**

（1）適切。**定期借家契約**は、契約時に期間を定め、**期間満了後の契約の更新がない**ため、その後、その建物を使用する予定がある場合などに確実に明渡しを受けることができます。

（2）不適切。**定期借家契約の契約期間は自由に定めることができ**、2年未満の契約も可能です。また、最長の契約期間の定めもありません。

（3）不適切。定期借家契約の契約書は**公正証書等の書面で行う**ことが定められていますが、必ず公正証書で行わなければならないわけではありません。

---

16 正解（**1**） **B**

（1）適切。**居住用財産を譲渡した場合の3,000万円特別控除の特例は、所有期間に係わらず**適用を受けることができます。

（2）不適切。譲渡所得は、収入金額から取得費と譲渡費用を引いて計算しますが、取得費が不明の場合は、**概算取得費**として**収入金額に5％を乗じた金額**を使うことができます。

（3）不適切。居住用財産を譲渡した場合の3,000万円特別控除の特例と**居住用財産を譲渡した場合の軽減税率の特例**は、併用して適用を受けられます。

第 6 章

相続・事業承継

 ココが出る！

重要ポイント

学科	・民法上の法定相続人や法定相続分の考え方の理解は必須です。
	・３種類の遺言書の違いと証人や検認の有無について覚えましょう。
	・相続税の課税対象となる財産と、相続税の基礎控除の額の求め方を理解しましょう。
	・贈与税に関する問題もよく出題されます。特に、相続時精算課税制度、贈与税の配偶者控除を覚えましょう。
	・相続税と贈与税を計算する際の財産評価では、土地の評価方法がよく出題されます。貸宅地、貸家建付地の評価額の算式を押さえましょう。
実技	・資産設計提案業務では、親族関係図の読取り問題が毎回頻出です。
	・個人資産相談業務では、相続税の総額まで計算できるようになれば、高得点が狙えます。

▶過去５回分の出題傾向

	学科	実技	
	共通	資産	個人
親族の規定	C		
法定相続人・法定相続分	A	A	C
相続の承認と放棄	C	C	
遺言書	B	C	B
相続税	A		A
相続財産の評価	C		
贈与税	A	A	
相続税・贈与税の申告と納付	C		C
不動産の相続税評価			
その他の財産の相続税評価	B		
中小企業の事業承継			

Aは必修、
Bはよく出る、
Cはたまに出る
テーマだよ！

※「資産」は日本FP協会の資産設計提案業務、「個人」は金財の個人資産相談業務を示しています。

次の各文章について、一問一答問題では適切なものに○を、不適切なものに×を付けましょう。また、三肢択一問題では（　　）内にあてはまる最も適切な文章、語句、数字またはそれらの組合せを(1)〜(3)のなかから選びましょう。

❶ 相続と法律

一問一答問題

1 養子縁組（特別養子縁組ではない）によって養子となった者は、養親の嫡出子として扱われ、養子縁組の成立と同時に、実親との法律上の親族関係は終了する。

2 養子縁組には普通養子縁組と特別養子縁組があるが、特別養子縁組の場合、実親の血族の相続権は失われる。

3 被相続人に、子と直系尊属、兄弟姉妹がいる場合、第1順位である子が法定相続人となる。　**よく出る**

4 遺贈とは、遺言書によってその者に被相続人の財産を渡すことであり、被相続人の生前に、被相続人と受遺者の間で合意が必要である。

5 相続人が、被相続人の配偶者と兄弟姉妹の場合、民法の規定による配偶者の法定相続分は3分の2、兄弟姉妹の法定相続分は3分の1であり、兄弟姉妹が複数いる場合は、均等に相続する。　**よく出る**

6 被相続人の兄弟姉妹がすでに死亡している場合、兄弟姉妹の子に代襲相続は認められるが、兄弟姉妹の子が死亡している場合、再代襲は認められない。

7 限定承認を行う場合、相続の開始があったことを知ったときから6ヵ月以内に、家庭裁判所に申述をする必要がある。

● 問題の難易度について、**A** は難しい、**B** は普通、**C** は易しいことを示しています。

	正解

養子縁組（特別養子縁組を除く）が成立した場合、養子と実親との親族関係は終了せず、そのまま**親子関係は継続**します。なお、特別養子縁組の場合には、養子と実親との親子関係が終了となります。

✕ **C**

普通養子縁組は実親の血族の相続権、養親の相続権の両方を有します。特別養子縁組の場合、**実親の血族の相続権は失われます**。

○ **B**

被相続人に配偶者がいる場合、**配偶者は常に相続人**となります。また、**第１順位は子**、第２順位は直系尊属、第３順位は兄弟姉妹となっており、順位の高い者から相続人となります。

○ **B**

遺贈とは、遺言書に記載することで被相続人の財産を受贈者に渡すことで、**被相続人と受遺者の合意は不要**です。なお、死因贈与とは、被相続人の生前に受贈者と契約を交わしておくことで、被相続人と受贈者の合意が必要です。

✕ **C**

相続人が、被相続人の配偶者と兄弟姉妹の場合、配偶者の法定相続分は**４分の３**、兄弟姉妹の法定相続分は**４分の１**となります。兄弟姉妹が複数いる場合は、４分の１の財産をそれぞれ均等に相続します。

✕ **B**

法定相続人ごとの法定相続分を問う問題は頻出です！

再代襲とは、代襲相続人が死亡している場合に、その子が相続することです。相続人が**兄弟姉妹**の場合、代襲相続は認められますが、**再代襲は認められません**。

○ **A**

限定承認と相続の放棄は、相続の開始があったことを知ったときから**３ヵ月以内**に家庭裁判所に申述する必要があります。なお、限定承認は相続人全員で行う必要がありますが、相続の放棄は相続人が単独で行うことができます。

✕ **B**

8 遺産分割において、共同相続人の1人または数人が、遺産の一部または全部を相続し、他の共同相続人に対して生じる債務を金銭などの財産で負担する方法を代償分割という。

9 遺言は、15歳以上で、かつ意思能力があれば誰でも作成でき、未成年者の場合でも、法定代理人の同意は不要である。**よく出る**

10 検認とは、遺言書の形式や保存状態、内容の有効性などについて家庭裁判所が調査し、問題がない場合に正式な遺言として認める手続きのことである。

三肢択一問題

11 下記の親族関係図において、妻Bさんの法定相続分は（　　　）である。**よく出る**

（1）2分の1
（2）3分の2
（3）4分の3

代償分割とは、相続財産に不動産や会社など分割しにくい財産の割合が多いときに用いる方法で、相続人の1人または数人が遺産の一部または全部を取得し、他の共同相続人に対しては、金銭などその相続人固有の財産で分ける方法です。

遺産分割の方法には、他に現物分割、換価分割があります。

○
A

遺言は、15歳以上で、かつ意思能力があれば誰でも作成できるので、未成年者は法定代理人の同意なしに遺言を作成できます。

○
C

検認は、遺言書が法定の条件を満たしているか否かを確認する形式的な手続きで、遺言として有効か無効かの判断は行いません。

×
C

Aさんの相続人は、妻Bさんと、父Cさん、母Dさんの3人で、被相続人の配偶者と直系尊属が相続人なので、妻Bさんの法定相続分は3分の2となります。直系尊属の法定相続分は3分の1で、父Cさんと母Dさんの2人なので、6分の1ずつ相続します。

(2)
B

6
相続・事業承継

学科

12 下記の場合の法定相続分は（　　　　）である。

婚姻関係のない女性S
├──────子X（被相続人Aにより認知されている）
被相続人A
╫──────子C
配偶者B

（1）配偶者B ＝ 1/2、子C ＝ 1/2、子X ＝ なし
（2）配偶者B ＝ 1/2、子C ＝ 1/4、子X ＝ 1/4
（3）配偶者B ＝ 1/2、子C ＝ 1/3、子X ＝ 1/6

13 代襲相続の原因となるのは（　　　　）である。
（1）以前死亡、放棄、欠格
（2）以前死亡、欠格、廃除
（3）放棄、欠格、廃除

14 共同相続人の1人または数人が相続により財産の現物を取得し、その現物を取得した者が他の共同相続人に対し債務を負担する分割方法を（　　　　）という。
（1）現物分割
（2）代償分割
（3）換価分割

15 相続開始に伴う手続きについて、相続の放棄または限定承認をしようとする場合には、相続開始があったことを知った日から（　　　　）以内にしなければならない。 **よく出る**
（1）3ヵ月
（2）4ヵ月
（3）6ヵ月

法定相続人は配偶者と子なので、法定相続分は配偶者が2分の1、子が2分の1の割合となります。子Xは非嫡出子ですが、法定相続分は嫡出子であるCと同じです。したがって、子Cと子Xの法定相続分はそれぞれ以下のようになります。

子C＝1/2×1/2＝1/4
子X＝1/2×1/2＝1/4

(2)

B

代襲相続の原因となるのは、相続人が相続開始以前に死亡しているとき、欠格、廃除によって相続権を失っているときです。相続を放棄した場合、その子は代襲相続することができません。

(2)

A

共同相続人の1人または数人が相続により財産の現物を取得し、その現物を取得した者が他の共同相続人に対し債務を負担する分割方法を代償分割といいます。

> 遺産分割の方法には他に、現物のまま分割する現物分割や、財産を金銭に換価し、その換価代金を分割する換価分割などがあります。

(2)

B

6 相続・事業承継

相続の放棄と限定承認は、相続の開始があったことを知った日から3ヵ月以内に行わなければなりません。期限までに相続の放棄や限定承認の手続きをしない場合は単純承認したとみなされます。

(1)

B

学科

16 普通方式の遺言のうち、（　①　）については家庭裁判所の検認が必要と □□ なり、（　②　）については証人2人以上の立会いが必要である。 **よく出る**

(1) ① 自筆証書遺言と秘密証書遺言　② 秘密証書遺言と公正証書遺言

(2) ① 自筆証書遺言　　　　　　　　② 秘密証書遺言

(3) ① 自筆証書遺言と秘密証書遺言　② 公正証書遺言

17 遺留分の割合については、相続人が直系尊属だけの場合は遺留分算定の基 □□ 礎となる財産の（　①　）、それ以外の場合は（　②　）となる。

(1) ① 1/2 ② 1/3

(2) ① 1/3 ② 1/2

(3) ① 2/3 ② 1/3

❷ 相続と税金

一問一答問題

1 生命保険契約において、契約者（＝保険料負担者）および死亡保険金受取 □□ 人がAさん、被保険者がAさんの配偶者である場合、Aさんの配偶者の死 亡によりAさんが受け取る死亡保険金は、相続税の課税対象となる。
よく出る

2 相続税の課税財産のうち、相続人が受け取った死亡保険金はみなし相続財 □□ 産となる。

3 生命保険の契約者（保険料負担者）である夫が死亡し、相続人が妻と子2 □□ 人である場合、相続人が受け取る生命保険金については、2,000万円まで は相続税が課税されない。

4 相続または遺贈により財産を取得した者が、相続開始前3年以内に被相続 □□ 人から贈与により取得した財産は、生前贈与加算の対象となる。

5 相続税の課税価格を計算する際、相続を放棄した者であっても、葬式費用 □□ を負担している場合は、その金額を、取得した財産の価額から控除するこ とができる。

自筆証書遺言と秘密証書遺言は家庭裁判所での検認が必要です。また、秘密証書遺言と公正証書遺言は遺言書の作成に当たって、2人以上の証人が必要です。

(1)

B

遺留分の割合は、相続人が直系尊属の場合は、遺留分算定の基礎となる財産の3分の1、その他の場合は全財産の2分の1です。

(2)

A

Aさんが受け取る死亡保険金は、一時所得として所得税の課税対象となります。死亡保険金が相続税の課税対象となるのは、「契約者と被保険者がAさん・死亡保険金受取人がAさんの配偶者」などの場合です。

×

C

相続税の課税財産のうち、みなし相続財産とは、被相続人の本来の財産ではないが被相続人の死亡によって得た財産で、相続人が受け取った生命保険金や退職手当金などがあてはまります。

B

生命保険金の非課税限度額は「500万円×法定相続人の数」で計算します。設問の場合、相続人が3人なので、死亡保険金が非課税となるのは、500万円×3人（妻、子2人）＝1,500万円までです。

×

B

相続開始前3年以内に被相続人から贈与により取得した財産は、生前贈与加算の対象となり、課税価格の計算においては贈与時の価額で評価して相続税を計算します。

B

相続税の課税価格の計算において、相続を放棄した者については債務控除が認められませんが、現実に負担した葬式費用については控除することができます。

A

6
相続・事業承継

学科

219

6 相続税の遺産に係る基礎控除額を計算する際の法定相続人の数は、相続人のうちに相続の放棄をした者がいる場合であっても、その放棄がなかったものとしたときの相続人の数とされる。 **よく出る**

7 相続税の計算における課税価格とは、被相続人の本来の相続財産の額とみなし相続財産の額、生前贈与財産の額を合計した額である。

8 相続税の計算に当たって、相続税の総額とは、課税遺産総額を法定相続人が法定相続分どおりに相続したと仮定して相続人ごとの相続税を算出し、その額を合計した値である。

9 相続税における配偶者の税額軽減では、被相続人の配偶者が相続をする場合、配偶者がその法定相続分または1億6,000万円までの額を相続しても、相続税が課税されることはない。 **よく出る**

10 被相続人の養子となった孫で、代襲相続人でない者については、相続や遺贈によって財産を取得した場合でも相続税額の2割加算の対象とはならない。

11 相続税の延納は相続税額が10万円を超えることが要件であり、また延納税額や延納期間に係わらず、担保を提供する必要がある。

相続税の遺産に係る基礎控除額は、「3,000万円＋600万円×法定相続人の数」で計算することができます。「法定相続人の数」は、**相続の放棄をした者がいる場合でも、その放棄がなかったもの**として計算します。

> 養子は実子がいる場合は1人まで、実子がいない場合は2人まで、法定相続人の数に含めることができます。

相続税の計算における課税価格とは、被相続人の本来の相続財産の額と、みなし相続財産の額、生前贈与財産の額を合計した額から、**非課税財産の額と債務控除の額を引いた**金額です。

相続税の総額とは、**課税遺産総額を法定相続人が法定相続分どおりに相続したと仮定して各相続人の相続税額を算出**し、その額を合計したものです。相続税の総額を計算する際の相続人は、相続の放棄があった場合はなかったものとして、また、実子がいる場合は養子は1人まで、実子がいない場合は養子は2人までカウントして計算します。

相続税における配偶者の税額軽減では、**配偶者は法定相続分まで**の相続であれば、相続税は課税されません。さらに、法定相続分を超えて相続した場合でも、**1億6,000万円まで**であれば相続税はかかりません。

> 配偶者の税額軽減の適用を受けて相続税がゼロになった場合でも、相続税の申告書を提出する必要があります。

被相続人の孫等の<u>直系卑属が養子</u>になっているケース（いわゆる孫養子）については、代襲相続の場合を除いて、**相続税の2割加算の対象**となります。

相続税の延納においては、相続税額が**10万円を超える**ことが要件の1つとなっています。延納をする際は、「延納税額が100万円以下で、かつ延納期間が3年以下の場合」を除いて担保を提供しなければなりません。

12 相続税の物納財産についてはその範囲に特に制限はないので、被相続人が
□□ 所有していた海外の不動産によることも可能である。

三肢択一問題

13 相続により財産を取得した時点において日本国内に住所を有していない相
□□ 続人（日本国籍を有していない）が、日本国内に居住していた被相続人か
ら国内財産と国外財産を取得した場合、（　　　）。
（1）国内財産のみが相続税の課税対象となる
（2）国内財産、国外財産ともに相続税の課税対象となる
（3）国内財産、国外財産ともに相続税の課税対象とならない

14 相続または遺贈により財産を取得した者が、被相続人から生前贈与により
□□ 財産を取得している場合、相続開始前（　①　）以内に贈与を受けた財産
については（　②　）の価額で相続財産に加算される。
（1）① 1年　② 相続開始時
（2）① 3年　② 相続開始時
（3）① 3年　② 贈与時

15 被相続人の死亡によって相続人等が受け取る退職手当金等のうち、被相続
□□ 人の死亡後3年以内に支払いが確定したものは（　①　）の課税対象とな
り、3年を経過した後に支払いが確定したものは受け取った遺族等の
（　②　）となる。 よく出る
（1）① 贈与税　② 雑所得
（2）① 相続税　② 退職所得
（3）① 相続税　② 一時所得

物納できる財産は、**物納申請者の相続税の課税対象となった財産等**で、**国内にある**ものに限られます。

✕
A

外国に住所がある納税義務者が日本国籍を有していない場合でも、日本国内に居住している被相続人（一時的居住を除く）から取得した財産は、**国内財産、国外財産とも相続税の課税対象**となります。

(2)
A

生前贈与加算については、**相続開始前3年以内の贈与財産**が相続税の課税対象となります。生前贈与財産は、**贈与時の価額で相続税の課税価格に加算**されます。

(3)
A

退職手当金等は、被相続人の**死亡後3年以内**に支払いが確定したものは**みなし相続財産**として相続税の課税対象となり、3年経過後に確定したものは遺族等の**一時所得**として課税の対象となります。

(3)
B

死亡退職金が相続税の対象となるかどうかは、「死亡後3年」が目安になります。

6 相続・事業承継

学科

16 弔慰金については、業務上の死亡の場合は賞与以外の普通給与の
（　①　）、業務外の死亡の場合は賞与以外の普通給与の（　②　）の範囲
内について相続税の課税対象とならない。
（1）① 3年分　② 6ヵ月分
（2）① 3年分　② 1年分
（3）① 5年分　② 1年分

17 債務および葬式費用については、（　①　）は控除できるが、（　②　）は
控除できない。
（1）① 被相続人の未払い固定資産税　② 墓地購入未払金
（2）① 被相続人の未払い固定資産税　② 通夜費用
（3）① 四十九日の費用　　　　　　　② 墓地購入未払金

18 相続人が被相続人の配偶者、実子2人、普通養子縁組による養子2人の計
5人である場合、相続税の計算における遺産に係る基礎控除額は、（　　　）
である。**よく出る**
（1）4,800万円
（2）5,400万円
（3）9,000万円

19 法定相続人の数に算入できる養子の数については、実子がいる場合には
（　①　）、実子がいない場合には（　②　）であるが、（　③　）につい
ては人数の制限はない。
（1）① 1人　② 2人　③ 特別養子
（2）① 2人　② 1人　③ 普通養子
（3）① 1人　② 2人　③ 普通養子

弔慰金については、死亡の原因が業務上のものか業務外のものかによって相続税の対象となる範囲が異なります。**業務上の死亡の場合には賞与以外の普通給与の3年分**、業務外の死亡の場合には**6ヵ月分**について、相続税は課税されません。

(1)

B

相続税の債務控除において、控除できるものと控除できないものは以下のようになります。

📖 債務・葬式費用の控除のまとめ

	控除できるもの	控除できないもの
債務	借入金、被相続人の未払いの所得税・医療費・固定資産税　など	墓地購入の未払金、保証債務、遺言執行費用、弁護士・税理士費用　など
葬式費用	通夜・葬式費用、死体の捜索・運搬費用　など	香典返戻費用、法会（初七日・四十九日）費用　など

(1)

B

相続人が被相続人の配偶者、実子2人、普通養子縁組による養子2人の計5人である場合、遺産にかかる基礎控除額は、「**3,000万円＋600万円×法定相続人の数**」で計算しますが、被相続人に実子がいる場合は、養子（特別養子縁組による養子を除く）は1人までしか法定相続人の数に算入されません。したがって、法定相続人の数は配偶者、実子2人、養子1人の計4人として計算され、相続税の計算における遺産に係る基礎控除額は、**5,400万円**になります。

(2)

B

法定相続人の数を算出する場合、養子については、**実子がいる場合は1人、実子がいない場合は2人まで**しか算入できませんが、**特別養子**については人数の制限なく法定相続人の数として算入することができます。

(1)

A

6
相続・事業承継

学科

20 親族関係図が次の場合、相続税の計算における「遺産に係る基礎控除額」
は（　　　）である。 **よく出る**

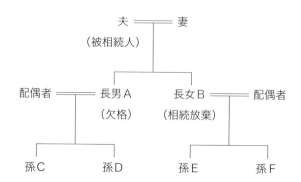

```
              夫 ══════ 妻
          （被相続人）
                  │
        ┌─────────┴─────────┐
   配偶者 ═══ 長男Ａ      長女Ｂ ═══ 配偶者
          （欠格）    （相続放棄）
        ┌────┴────┐    ┌────┴────┐
     孫Ｃ      孫Ｄ    孫Ｅ      孫Ｆ
```

（1）5,400万円　（2）6,000万円　（3）9,000万円

21 相続税における配偶者の税額軽減では、配偶者の課税価格が、相続税の課
税価額の合計額に対する配偶者の法定相続分を超えた場合であっても、
（　　　）までであれば課税されない。 **よく出る**
（1）1億円　（2）1億6,000万円　（3）2億円

22 17歳4ヵ月の法定相続人（相続または遺贈により財産を取得した無制限納
税義務者である）における未成年者控除の額は、（　　　）である。
（1）180,000円　（2）200,000円　（3）300,000円

23 相続税を延納する場合でも、延納税額が100万円以下で、かつ延納期間が
（　①　）以下である場合には担保は不要である。なお、担保については、
（　②　）。
（1）① 3年　② 相続財産でなければならない
（2）① 3年　② 相続財産でなくともよい
（3）① 5年　② 相続財産でなければならない

長男Aは欠格により相続権がありませんが、孫C、孫Dには代襲相続人として相続権があります。また、相続の放棄があった場合でもその放棄がなかったものとして計算されるため、法定相続人の数は妻、長女B、孫C、孫Dの4人となり、3,000万円＋600万円×4人＝**5,400万円**が基礎控除額となります。

ちょっと複雑な親族関係図ですが、頑張って！

(1)

B

相続税における配偶者の税額軽減では、**配偶者の課税価格が法定相続分相当額まで**であれば課税されず、法定相続分相当額を超えている場合でも、**1億6,000万円まで**であれば課税されません。

(2)

B

未成年者控除額は、「**（20歳 − 相続開始時の年齢）× 10万円**」で算出します。20歳に達するまでの年数が1年未満であるときや1年未満の端数があるときは、それを1年として計算することができます。

(3)

A

相続税の延納には担保の提供が必要ですが、**延納税額が100万円以下で、かつ延納期間が3年以下の場合、担保は不要**です。なお、提供する担保については、相続財産である必要はありません。

(2)

A

6
相続・事業承継

学科

24	相続税を納める場合、（　①　）から（　②　）への変更は原則として認
☐☐	められないが、申告期限から10年以内に限り、（　①　）から（　②　）

められないが、申告期限から10年以内に限り、（　①　）から（　②　）への変更が認められる場合がある。なお、贈与税の納税については（　③　）認められない。

(1) ① 物納　② 延納　③ 延納によることは

(2) ① 延納　② 物納　③ 物納によることは

(3) ① 延納　② 物納　③ 物納によることも延納によることも

❸ 贈与と税金

1	贈与とは、当事者の一方が自己の財産を無償で与える意思表示をし、相手
☐☐	方がこれを受諾することによって成立する契約をいい、書面によらない場

方がこれを受諾することによって成立する契約をいい、書面によらない場合は、履行されていない部分については取り消すことができる。 **よく出る**

2	扶養義務者である親が生活費として渡した金銭を、受贈者である子が有価
☐☐	証券の購入にあてた場合、贈与税の課税対象となる。

3	法人からの贈与により個人が取得した財産については贈与税が課税されず、
☐☐	所得税（一時所得または給与所得）が課税される。

4	贈与税の配偶者控除では、対象となる贈与財産の額が控除額の上限に達し
☐☐	なかった場合、使いきれなかった控除額を翌年以降に繰り越して控除する

なかった場合、使いきれなかった控除額を翌年以降に繰り越して控除することができる。

5	相続時精算課税制度を一度選択すると、後日撤回することはできず、その
☐☐	贈与者の相続開始時まで継続して適用されることになる。

6	相続時精算課税制度では、特別控除額を超える金額に対して、一律15％
☐☐	の税率で課税される。 **よく出る**

相続税の延納から物納への変更は原則として認められませんが、相続税を延納中の者が資力の状況の変化等により延納による納付が困難となった場合には、**申告期限から10年以内に限り、物納に変更することが可能**です。なお、物納は相続税だけに認められる納税方法で、贈与税にはありません。

正解

(2)
A

贈与契約が書面による場合には取り消しできませんが、書面によらない場合には、履行されていない部分についてはいつでも取り消すことができます。

○
C

扶養義務者から**生活費・養育費として贈与を受けた財産**については、通常必要と認められる範囲で**非課税**となりますが、有価証券の購入にあてた場合は贈与税の課税対象となります。

○
B

法人から個人への贈与の場合、**贈与税は非課税**ですが、所得税（一時所得または給与所得）が課税されます。

○
C

贈与税の配偶者控除では、贈与を受けた居住用不動産の価額が2,000万円未満で、控除しきれない部分が残るというような場合であっても、他の贈与財産から控除したり、**控除しきれない金額を翌年以降に繰り越したりすることはできません**。

✕
B

相続時精算課税制度は、一度選択すると**後日撤回することはできず**、その贈与者の相続開始まで適用されます。

○
B

相続時精算課税制度では、特別控除額の2,500万円を超える部分に対して、**一律20%**の税率が適用されます。

✕
B

6
相続・事業承継

学科

7 贈与税の配偶者控除は、婚姻期間が（ ① ）以上である配偶者から居住用不動産の贈与または居住用不動産を取得するための金銭の贈与を受け、一定の要件を満たす場合、贈与税の課税価格から贈与税の基礎控除額とは別に（ ② ）を限度として控除できるものである。**よく出る**

（1）① 10年　② 1,000万円
（2）① 20年　② 1,000万円
（3）① 20年　② 2,000万円

8 贈与税の配偶者控除については、配偶者から居住用不動産またはその購入資金を贈与された場合に、最高で（ ① ）を控除することができる。なお、（ ② ）までに、取得した居住用不動産に居住し、その後も引き続き居住する見込みであることが要件となる。

（1）① 1,500万円　② 取得の翌年3月31日
（2）① 2,000万円　② 取得年の12月31日
（3）① 2,000万円　② 取得の翌年3月15日

9 相続時精算課税制度（住宅取得等資金に係る特例等を除く）の適用対象となる贈与者の年齢は（ ① ）以上、受贈者は（ ② ）である。**よく出る**

（1）① 60歳　② 20歳以上の子、孫
（2）① 60歳　② 30歳以上の子、孫
（3）① 65歳　② 20歳以上の子、孫

❹ 相続財産の評価（不動産）

1 相続税において、自己が所有している宅地に賃貸マンションを建築して賃貸の用に供した場合、当該宅地は貸家建付地として評価される。

2 貸付用建物の評価額は、「固定資産税評価額×（1－借地権割合×賃貸割合）」である。**よく出る**

贈与税の配偶者控除は、婚姻期間が20年以上である配偶者から居住用不動産の贈与または居住用不動産を取得するための金銭の贈与を受け、一定の要件を満たす場合に、贈与税の課税価格から贈与税の基礎控除額（110万円）とは別に最高2,000万円を限度として控除することができる特例です。

(3)

B

贈与税の配偶者控除では、婚姻期間が20年以上である配偶者から居住用不動産もしくはその購入資金を贈与された場合に、贈与税の課税価格から2,000万円を控除することができます。取得の翌年3月15日までに居住し、その後も引き続き居住することが要件となっています。

(3)

A

贈与税の配偶者控除では、適用できる婚姻期間の要件と非課税で贈与できる金額の上限を押さえましょう。

相続時精算課税制度（住宅取得等資金贈与に係る特例等を除く）の適用対象は、贈与者は60歳以上の直系尊属、受贈者は20歳以上の子、孫（代襲相続人を含む）です。

(1)

B

相続税において、自己が所有している宅地に賃貸マンションを建築して賃貸の用に供している場合、その宅地は貸家建付地として評価されます。

C

貸付用建物の評価方法は、「固定資産税評価額×（1－借家権割合×賃貸割合）」です。

C

6
相続・事業承継

学科

231

3 小規模宅地等の評価減の特例では、被相続人の居住用宅地を、配偶者が取得した場合には、相続税の申告期限まで引き続き所有しない場合でも330㎡までを対象に80％の減額が認められる。

☐☐

4 小規模宅地等の評価減の特例の適用によって相続税がかからない場合には、相続税の申告は不要である。

☐☐

三肢択一問題

5 貸家の敷地の用に供されている宅地（貸家建付地）の相続税評価額は、（　　　）の算式により評価する。**よく出る**

☐☐
（1）自用地評価額×（1－借地権割合）
（2）自用地評価額×（1－借家権割合×賃貸割合）
（3）自用地評価額×（1－借地権割合×借家権割合×賃貸割合）

6 貸宅地の評価方法は、（　　　）となる。

☐☐
（1）自用地評価額×（1－借地権割合）
（2）自用地評価額×（1－借家権割合）
（3）自用地評価額×（1－借地権割合×借家権割合×賃貸割合）

7 自用地としての相続税評価額が1億円である宅地に、アパートを建築して賃貸の用に供している場合には、貸家建付地として評価され、自用地の場合と比べて（　　　）の評価減となる（借地権割合70％、借家権割合30％、賃貸割合100％とする）。

☐☐
（1）2,100万円
（2）3,000万円
（3）7,900万円

被相続人の居住用宅地の一部または全部を配偶者が取得した場合には、相続税の申告期限まで引き続き所有しない場合でも、特定居住用宅地等として、**330㎡**までを対象に**80%**の減額が認められます。

◯
B

> 被相続人と同居していた親族が取得した場合には、相続税の申告期限まで引き続き所有し、かつ居住し続けなければ特定居住用宅地等として認められません。

小規模宅地等の評価減の特例の適用によって**相続税がゼロとなる場合でも、申告は必要**です。

✕
B

貸家の敷地の用に供されている宅地（**貸家建付地**）の相続税評価額は、「**自用地評価額×（1－借地権割合×借家権割合×賃貸割合）**」の算式により評価します。現在、借家権割合は一律30%となっています。

(3)
B

貸宅地の評価額は「**自用地評価額×（1－借地権割合）**」によって算出します。

(1)
B

土地の所有者が建物を建築し、その建物を賃貸の用に供している場合の敷地を貸家建付地といい、「**自用地評価額×（1－借地権割合×借家権割合×賃貸割合）**」の算式で相続税評価します。

　貸家建付地評価額＝1億円×（1－0.7×0.3×100%）＝7,900万円

　したがって、自用地評価額と比べて、1億円－7,900万円＝**2,100万円**の評価減になります。

(1)
A

8 相続人が相続により取得した宅地が、小規模宅地等についての相続税の課税価格の計算の特例における特定事業用宅地等に該当する場合、（　①　）を限度面積として評価額の（　②　）を減額することができる。
- (1) ① 400㎡　② 50％
- (2) ① 330㎡　② 80％
- (3) ① 400㎡　② 80％

❺ 相続財産の評価（不動産以外）

一問一答問題

1 ゴルフ会員権は、「課税時期の取引価格×80％＋取引価格に含まれない預託金等」によって評価する。

2 上場株式については、「課税時期の終値」「課税時期の属する月の毎日の終値の平均額」「課税時期の属する月の前月の毎日の終値の平均額」「課税時期の属する月の前々月の毎日の終値の平均額」のなかで最も高い価額で評価する。**よく出る**

3 取引相場のない株式の相続税評価において、類似業種比準方式とは、評価会社の株式の価額を、評価会社を相続開始時に清算したと仮定して算出する方式である。

三肢択一問題

4 相続財産のうち、被相続人が所有していたゴルフ会員権の評価は、課税時期の取引価格の（　　）で評価する。
- (1) 50％　(2) 70％　(3) 90％

5 相続財産のうち、生命保険契約の権利を評価する場合には、原則として（　　）によって評価する。
- (1) 支払保険料総額
- (2) 解約返戻金相当額
- (3) 死亡保険金額

相続人が相続により取得した宅地が、小規模宅地等についての相続税の課税価格の計算の特例における**特定事業用宅地等**に該当する場合、**400㎡**を限度面積として評価額の**80%**を減額することができます。

小規模宅地等の減額割合

	減額割合	減額対象地積
特定居住用宅地等	80%	330㎡
特定事業用宅地等	80%	400㎡
貸付事業用宅地等	50%	200㎡

(3)

A

ゴルフ会員権は、「**課税時期の取引価格×70%＋取引価格に含まれない預託金等**」によって評価します。

✕

B

上場株式については、「**課税時期の終値**」「**課税時期の属する月の毎日**の終値の平均額」「課税時期の属する月の**前月**の毎日の終値の平均額」「課税時期の属する月の**前々月**の毎日の終値の平均額」のなかで**最も低い価額**で評価します。

✕

B

取引相場のない株式の評価方式には、**類似業種比準方式、純資産価額方式、配当還元方式**があります。このうち、類似業種比準方式とは評価会社と業務内容が類似した上場会社の株価、配当金額、利益金額、純資産価額をもとにして、評価会社の評価額を算出する方式です。

✕

A

ゴルフ会員権は、「**課税時期の取引価格×70%＋取引価格に含まれない預託金等**」によって相続税評価をします。

(2)

生命保険契約の権利を評価する場合には、原則として、**解約返戻金相当額**によって評価します。

(2)

実技試験対策

> 親族関係図をしっかり
> 読み取りましょう。

協会│資産 は日本FP協会の資産設計提案業務に、 金財│個人 は金財の個人資産相談業務に対応した問題を示しています。

第1問 次の問に答えなさい。　　　　　　　　協会│資産 金財│個人

1 ☐☐ 2021年4月5日に相続が開始した被相続人の〈親族関係図〉が下記のとおりである場合、民法上の相続人および法定相続分の組合せとして、正しいものはどれか。なお、記載のない条件については一切考慮しないこととする。 よく出る

〈親族関係図〉

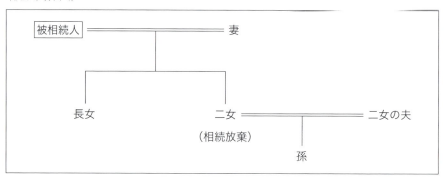

（1）妻1/2　長女1/2
（2）妻1/2　長女1/4　孫1/4
（3）妻2/3　長女1/6　二女の夫1/6

第1問の解答と解説

1 正解（1） B

　相続を放棄した二女は、民法上、初めから相続人ではなかったものとみなされます。また、相続を放棄した場合、その子は代襲相続をすることはできません。したがって、法定相続分は、妻が2分の1、長女が2分の1となります。

第2問 次の設例に基づいて、次の各問（ 2 ～ 4 ）に答えなさい。

協会｜資産｜金財｜個人

設例

　佐藤さんは2021年4月25日に死亡した。佐藤さんの家族関係と相続財産は次のとおりである。

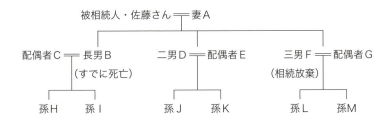

〈佐藤さんの財産〉

① 土地

自宅	300㎡	路線価 500千円/㎡
賃貸アパート	500㎡	路線価 600千円/㎡

　　　（借地権割合70％、借家権割合30％、賃貸割合100％）

② 建物

自宅	固定資産税評価額	11,000千円
賃貸アパート	固定資産税評価額	140,000千円

③ その他の財産

　　預貯金　　　　　80,000千円

2
□□ 佐藤さんの相続において、民法の規定による相続人の数と相続税の計算上の相続人の数、およびその内訳の組み合わせとして、最も適切なものはどれか。 **よく出る**

（1）民法の規定による相続人2人（A・D）
　　相続税計算上の相続人2人（A・D）

（2）民法の規定による相続人4人（A・D・H・I）
　　相続税計算上の相続人5人（A・D・F・H・I）

（3）民法の規定による相続人4人（A・B・D・F）
　　相続税計算上の相続人5人（A・D・F・H・I）

3 佐藤さんの所有する賃貸アパートの土地の相続税評価額として、次のうち
□□ 正しいものはどれか。

（1）210,000 千円
（2）237,000 千円
（3）300,000 千円

4 佐藤さんの相続に係る課税遺産総額が114,000 千円である場合、相続税
□□ の総額として、次のうち正しいものはどれか。

〈相続税の速算表（一部抜粋）〉

法定相続分に応ずる各人の取得金額		税率	控除額
	1,000万円以下	10％	－
1,000万円超	3,000万円以下	15％	50万円
3,000万円超	5,000万円以下	20％	200万円
5,000万円超	10,000万円以下	30％	700万円
10,000万円超	20,000万円以下	40％	1,700万円
20,000万円超	30,000万円以下	45％	2,700万円

（1）9,500 千円
（2）11,400 千円
（3）16,700 千円

2 　正解（2）　C

　民法上は、相続の放棄をした者ははじめから相続人でなかったものとみなされ、子がいても代襲相続をすることはできません。したがって、民法の規定による相続人は、**妻A、二男D、孫H、孫I**の４人となります。

　相続税の計算上は、**放棄があった場合、その放棄はなかったものとして法定相続人の数を数えます**ので、法定相続人の数は、**妻A、二男D、三男F、孫H、孫I**の５人になります。

3 　正解（2）　B

　賃貸アパートの敷地となっている土地は、**貸家建付地**として評価します。

　　貸家建付地評価額
　　＝「**自用地評価額×（1－借地権割合×借家権割合×賃貸割合）**」
　　＝500㎡×600千円×（1－0.7×0.3×100％）
　　＝**237,000千円**

4 　正解（3）　A

　相続税の総額は、**課税遺産総額を法定相続分で仮に分割したうえで各相続人の税額を計算し、その額を合計した額**となります。法定相続分は、妻Aが２分の１、二男Dと三男Fが６分の１ずつ、孫Hと孫Iが12分の１ずつとなります。

〈各人の仮の相続税額〉

　妻A　　　　　　：114,000千円×1/2＝57,000千円
　　　　　　　　　　57,000千円×30％－7,000千円＝<u>10,100千円</u>

　二男D、三男F：114,000千円×1/6＝19,000千円
　　　　　　　　　　19,000千円×15％－500千円＝<u>2,350千円</u>

　孫H、孫I　　：114,000千円×1/12＝9,500千円
　　　　　　　　　　9,500千円×10％＝<u>950千円</u>

　よって相続税の総額は、下記のとおりになります。

　　10,100千円＋2,350千円＋2,350千円＋950千円＋950千円
　　＝**16,700千円**

6
相続・事業承継

実技

第3問 次の設例に基づいて、下記の各問（ 5 ～ 7 ）に答えなさい。

協会 | 資産 | 金財 | 個人

設例

Aさん（80歳）の現在における家族関係は以下のとおりである。Aさんは、自分が死亡した場合に備えて、財産を把握・整理したうえで、残される家族のために、できるだけ公平に財産を分け与えることができるような遺言を残そうと考えている。

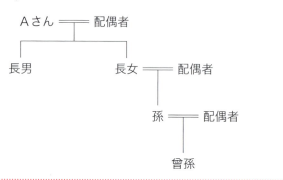

5　遺言に関する次の記述のうち、最も不適切なものはどれか。 **よく出る**

（1）Aさんが自筆証書遺言によって遺言をする場合、証人・立会人は不要であるが、紛失・偽造などのおそれがある。

（2）Aさんが公正証書遺言によって遺言をする場合、2人以上の証人の立会いが必要である。

（3）Aさんが秘密証書遺言によって遺言をする場合、Aさんは、遺言したという事実を秘密にすることができる。

6　相続税における「配偶者の税額軽減」に関する次の記述のうち、最も不適切なものはどれか。

（1）内縁関係であっても、同居期間要件を満たせば適用することができる。

（2）相続税の申告期限までに分割されていない財産については適用することができないが、申告期限後3年以内に分割された場合には適用される。

（3）納税義務者が仮装、隠蔽した財産については適用することができない。

7 Aさんの相続に伴い、相続税を納める必要がある場合に関する次の記述の
うち、最も不適切なものはどれか。

（1）Aさんが国外に所有する不動産については、物納にあてることはできない。

（2）最初から長男が所有していた財産については物納にあてることはできない。

（3）延納税額が50万円未満で、かつ延納期間が3年以下である場合には、延
納に当たって、税務署長の許可が不要となる。

5　正解（3）　C

（1）適切。**自筆証書遺言**は、原則として、遺言書、日付、氏名を自書し、押印することによって作成されるものであり、**証人・立会人は不要**です。なお、法改正により、自筆証書遺言の**財産目録については、パソコン等での作成も可能**となっています。

（2）適切。**公正証書遺言**を作成するには、**証人２人以上の立会いが必要**です。遺言者の口述を公証人が筆記、読み聞かせたうえで、各自が署名押印する方式で作成されます。

（3）不適切。秘密証書遺言は、遺言者が遺言書を作成・署名したうえで、封印して公証人に提出し、公証人が日付等を封書に記載する方式で作成されます。遺言の内容を秘密にすることはできますが、遺言の存在を秘密にすることはできません。

6　正解（1）　B

（1）不適切。**配偶者の税額軽減**は、**内縁関係にある者は適用を受けることができません**。なお、婚姻の届出をしていれば婚姻期間については問われません。

（2）適切。税額軽減の基礎となる財産には、相続税の申告期限までに分割されていない財産は含まれませんが、申告期限から３年以内に分割された場合には、税額軽減を適用することができます。

（3）適切。相続税の納税義務者が、隠蔽、仮装した財産については、配偶者の税額軽減の適用を受けることはできません。

7　正解（3）　B

（1）適切。相続税の課税対象となった財産であっても、**国外にあるものは物納にあてることはできません**。

（2）適切。物納できる財産は、①物納申請者の相続税の課税対象となった財産、②課税対象となった財産を処分などして取得した財産、③相続開始前３年以内に被相続人から贈与を受けた財産で相続税の課税価格に加算された財産、に限られます。

（3）不適切。延納を受けるには、相続税の申告期限までに延納申請書を提出し、税務署長の許可を得る必要があります。なお、延納税額が100万円以下で、かつ延納期間が３年以下である場合に担保の提供は不要です。

次の設例に基づいて、次の各問（ 8 ～ 10 ）に答えなさい。

協会｜資産 金財｜個人

設例

　田中さんは2021年4月25日に死亡した。田中さんの家族関係と相続財産は次のとおりである。なお、相続人は、相続開始直前に生計を一にしている。

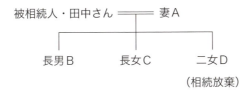

〈田中さんの財産等〉

① 土地

　　自宅　300㎡　　路線価　400千円/㎡

② 建物

　　自宅　固定資産税評価額　2,500万円

③ 死亡保険金（生命保険契約によるもの）　3,500万円

被保険者	保険料負担者	死亡保険金受取人
田中さん	田中さん	妻A

④ 有価証券　Q社株式（上場株式）　50,000株

　　Q社株価（終値の月平均値）

1月平均	2月平均	3月平均	4月平均	4月25日終値
510円	540円	520円	560円	580円

8 死亡保険金3,500万円について、妻Aの相続税の課税価格に算入される金額（非課税金額差引後の金額）の計算として、正しいものはどれか。

よく出る

（1）3,500万円 － 500万円 × 5人 ＝ 1,000万円

（2）3,500万円 － 500万円 × 4人 ＝ 1,500万円

（3）3,500万円 － 500万円 × 2人 ＝ 2,500万円

9 田中さんおよび妻Aの居住していた自宅を、妻Aが土地・建物ともに相続により取得して引き続き居住した場合、小規模宅地等の評価減の特例適用後の、この宅地の相続税評価額として、正しいものはどれか。

(1) 2,400万円
(2) 4,320万円
(3) 6,000万円

10 Q社株式の相続税評価額として、正しいものはどれか。

(1) 2,550万円
(2) 2,600万円
(3) 2,900万円

第4問の解答と解説

8 正解（2） B

相続税における**生命保険金の非課税限度額**の計算式は、「**500万円×法定相続人の数**」で計算します。相続税の計算をする際の法定相続人の数は、相続の放棄があっても、なかったものとして計算します。

設問の場合、法定相続人の数に算入されるのは、妻A、長男B、長女C、二女Dの4人となり、500万円×4人＝2,000万円が非課税金額となるので、**3,500万円－2,000万円＝1,500万円**が、相続税の課税価格に算入される金額です。

9 正解（1） A

配偶者である妻Aが自宅土地を取得し、小規模宅地等の評価減の特例の適用を受ける場合、**特定居住用宅地等**として評価されることになり、評価額は、**330㎡**を限度に**80％減額**されます。

自宅の土地の相続税評価額は、以下のようになります。

400千円×300㎡×（1－0.8）＝ **2,400万円**

10 正解（2） B

上場株式の価額は、原則として、「**課税時期の終値**」、「**課税時期の属する月の毎日の終値の平均額**」、「**課税時期の属する月の前月の毎日の終値の平均額**」、「**課税時期の属する月の前々月の毎日の終値の平均額**」のうち、**最も低い価額**で評価することになります。設問では、3月の終値の平均値が最も低いので、相続税評価額は1株520円として計算します。

Q社の株式の相続税評価額＝50,000株×520円＝ **2,600万円**

11　相続時精算課税制度の概要に関する下表の空欄（ア）～（ウ）にあてはま
□□　る数値の組合せとして、正しいものはどれか。

〈相続時精算課税制度の概要〉

適用対象者	贈与者：（　ア　）歳以上の父母または祖父母 受贈者：20歳以上の推定相続人である子、または20歳以上の孫
適用対象財産	贈与財産の種類、金額、贈与回数に制限なし
特別控除額	受贈者単位で贈与者ごとに累計（　イ　）万円まで
適用税率	（　イ　）万円を超える部分に対して一律（　ウ　）％

（1）（ア）60　（イ）2,500　（ウ）20
（2）（ア）65　（イ）2,500　（ウ）20
（3）（ア）70　（イ）2,000　（ウ）10

第5問の解答と解説

11　**正解（1）**　B

　相続時精算課税制度が適用される贈与者は、贈与年の1月1日現在で**60歳以上**の父母または祖父母です。

　また、相続時精算課税制度の非課税枠は、贈与者単位で**累計2,500万円まで**となっており、2,500万円を超えると**一律20％**の贈与税率が適用されます。贈与者単位であるため、父からの贈与と母からの贈与の両方に相続時精算課税制度を選択すると、最大5,000万円まで非課税の適用を受けることができます。

協会｜資産｜金財｜個人

設例

　吉岡さん（35歳）は相続時精算課税制度（住宅取得等資金贈与に係る特例等を除く）を利用して、3年間にわたり、父親から以下の贈与を受けた。

　1年目：1,200万円
　2年目：1,100万円
　3年目：　300万円

※贈与は、いずれも現金によるものである。

12 相続時精算課税制度（住宅取得等資金贈与に係る特例等を除く）に関する次の記述のうち、最も適切なものはどれか。 **よく出る**

(1) 受贈者は、贈与を受けるつど、その翌年の2月1日から3月15日の間に税務署にその届出書を提出しなければならない。

(2) 相続時精算課税制度を選択すると、その贈与者からの贈与については、5年間、制度の選択を撤回することができない。

(3) 贈与者である親については、贈与を行う年の1月1日において60歳以上でなければならない。

13 相続時精算課税制度（住宅取得等資金贈与に係る特例等を除く）を適用するに当たっての制限に関する下記の表の空欄に入る語句の組み合わせとして、最も適切なものはどれか。

贈与できる財産の種類についての制限	贈与の回数	贈与できる金額の上限
（　①　）	（　②　）	（　③　）

(1) ① あり　② あり　③ あり
(2) ① あり　② なし　③ あり
(3) ① なし　② なし　③ なし

設例の場合に吉岡さんが支払う、1年目、2年目、3年目の贈与税額として、次のうち正しいものはどれか。なお、吉岡さんは、この間に父親以外からは贈与を受けていない。

	1年目	2年目	3年目
(1)	課税されない	課税されない	10万円
(2)	課税されない	課税されない	20万円
(3)	320万円	271万円	19万円

12 正解 **(3)** B

（1）不適切。受贈者は、**最初の贈与を受けた年の翌年2月1日から3月15日までの間**に、贈与税の申告書にその旨の届出書を添付して提出する必要がありますが、毎年申告書を提出する必要はありません。

（2）不適切。相続時精算課税制度を選択する旨の届出をした場合、贈与者の相続時までこの制度が適用され、**途中で取りやめることはできません**。また、同じ贈与者からの贈与について、一般の贈与（110万円の基礎控除）を選択することができなくなります。

（3）適切。贈与者ならびに受贈者の年齢要件については、贈与された日ではなく、**贈与された年の1月1日時点**で判定します。

13 正解 **(3)** C

相続時精算課税制度を利用するに当たって、贈与財産の種類については特に**制限はない**ので、現金はもちろん、有価証券や自動車なども贈与が可能です。また、贈与の回数についても**制限はありません**。贈与の金額については、特別控除額である**2,500万円**に達するまでは贈与税が非課税となり、2,500万円を超える場合は、その超えた部分に対して**一律20％**の税率が適用されますが、贈与できる金額に**上限はありません**。

14 正解 **(2)** A

相続時精算課税制度を利用して贈与を受けた財産に対しては、合計額が、特別控除額である2,500万円に達するまでは贈与税が課税されず、2,500万円を超える場合は、その超えた部分に対して一律20％の税率が適用されます。

1年目は、課税価格1,200万円≦特別控除額2,500万円なので**課税されません**。

2,500万円－1,200万円＝1,300万円（残りの特別控除額）

2年目は、課税価格1,100万円≦特別控除額1,300万円なので**課税されません**。

1,300万円－1,100万円＝200万円（残りの特別控除額）

3年目は、課税価格300万円＞特別控除額200万円なので、200万円までは課税されませんが、**特別控除（2,500万円）を超える部分（100万円）に対しては一律20％の税率で贈与税が課税**されます。贈与税の額は次のとおりです。

100万円×20％＝**20万円**

6
相続・事業承継

実技

第7問 次の設例に基づいて、次の各問（ 15 ～ 17 ）に答えなさい。

設例

　Aさん（85歳）は、妻Bさん（82歳）と2人暮らしである。Aさん夫婦には、2人の子がいるが、二男Dさんはすでに死亡している。Aさんは、孫Fさん、孫Gさんにも相応の資産を相続させたいと考えている。

〈Aさんの親族関係図〉

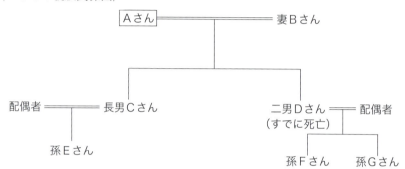

〈Aさんが保有する主な財産〉

現預金	： 5,000万円
自宅（敷地330㎡）	： 8,000万円 (注)
賃貸マンション（敷地400㎡）	： 1億円 (注)
賃貸マンション（建物）	： 5,000万円

（注）「小規模宅地等についての相続税の課税価格の計算の特例」適用前の金額

※上記以外の条件は考慮せず、各問に従うこと。

現時点でＡさんの相続が開始した場合の以下の文章の空欄①～③に入る語句の組合せとして、次のうち最も適切なものはどれか。

　Ａさんが、所得税の確定申告書を提出しなければならない者である場合、相続人は、原則として相続の開始があったことを知った日の翌日から（　①　）以内にＡさんの準確定申告をしなければならない。

　相続税の申告書の提出期限は、原則として、相続の開始があったことを知った日の翌日から（　②　）以内である。仮に、妻Ｂさんが配偶者の税額軽減の適用を受けて相続税額がゼロとなった場合、相続税の申告書の提出は（　③　）。

（1）① 3ヵ月　② 10ヵ月　③ 不要である

（2）① 4ヵ月　② 10ヵ月　③ 必要である

（3）① 4ヵ月　② 1年　③ 必要である

---

16 □□ Ａさんの相続が開始し、Ａさんの相続に係る課税遺産総額（課税価格の合計額－遺産に係る基礎控除額）が２億円であった場合の相続税の総額は、次のうちどれか。 **よく出る**

〈相続税の速算表（一部抜粋）〉

法定相続分に応ずる各人の取得金額		税率	控除額
	1,000万円以下	10％	－
1,000万円超	3,000万円以下	15％	50万円
3,000万円超	5,000万円以下	20％	200万円
5,000万円超	10,000万円以下	30％	700万円
10,000万円超	20,000万円以下	40％	1,700万円

（1）2,250万円　（2）3,750万円　（3）4,500万円

Aさんの相続に関する次の記述のうち、最も適切なものはどれか。

(1) 孫Fさんと孫Gさんが相続により財産を取得した場合、相続税の2割加算の対象となる。

(2) 自宅の敷地と賃貸マンションの敷地に、小規模宅地等についての相続税の課税価格の計算の特例の適用を受ける場合、適用対象面積の調整はせず、それぞれの宅地の限度面積まで適用を受けることができる。

(3) 配偶者の税額軽減の適用を受けた場合、原則として、配偶者の法定相続分までは相続税額は算出されず、法定相続分を超えて相続財産を取得した場合でも1億6,000万円までは相続税額が算出されない。

第7問の解答と解説

15 正解（2） B

　Aさんが所得税の確定申告書を提出しなければならない者である場合、原則として、相続人は、Aさんの相続の開始があったことを知った日の翌日から①**4ヵ月以内**に所得税の確定申告をしなければなりません。これを**準確定申告**といいます。

　相続税の申告書の提出期限は、原則として、相続の開始があったことを知った日の翌日から②**10ヵ月以内**です。

　遺産の額が相続税の基礎控除額以下の場合は、相続税の申告書の提出は不要ですが、配偶者の税額軽減や小規模宅地の評価減の特例の適用を受けた場合は、相続税がゼロであっても相続税の申告書の提出が③**必要です**。

16 正解（2） A

　相続税の総額は、課税遺産総額を法定相続分で仮に分割したうえで、各相続人の税額を計算し、その額を合計した額となります。

　法定相続分は、妻Bさんが2分の1、残りの2分の1を2人の子が均等に分けますが、二男Dさんはすでに死亡しており、孫Fさんと孫Gさんが代襲相続人となるため、二男Dさんが相続するはずだった遺産を孫Fさんと孫Gさんが2分の1ずつ分けます。

　課税遺産総額が2億円であった場合、各人の相続税額は以下のようになります。

　　妻Bさん　　：2億円×1/2×30％－700万円＝2,300万円
　　長男Cさん：2億円×1/2×1/2×20％－200万円＝800万円
　　孫Fさん　　：2億円×1/2×1/2×1/2×15％－50万円＝325万円
　　孫Gさん　　：2億円×1/2×1/2×1/2×15％－50万円＝325万円

　したがって、相続税額の総額は、2,300万円＋800万円＋325万円×2人＝**3,750万円**となります。

6
相続・事業承継

実技

正解（3） A

（1）不適切。1親等の血族および配偶者以外の相続人は、相続税の2割加算の対象となりますが、代襲相続人は2割加算の対象とはなりません。

（2）不適切。小規模宅地等についての相続税の課税価格の特例の適用を受ける場合、特定居住用宅地等と特定事業用宅地等では、適用対象面積の調整はせず、それぞれの限度面積まで適用を受けることができますが、貸付事業用宅地等の適用を受ける場合は、適用対象面積の調整が必要です。

（3）適切。配偶者の場合、課税価格の合計額×法定相続分までの相続であれば相続税はかかりません。法定相続分を超えて相続財産を取得した場合でも、1億6,000万円までは相続税がかかりません。

相続税の計算手順

①課税価格を計算する
②課税遺産総額を計算する
③相続人ごとの取得金額を計算する
④相続税の総額を計算する
⑤各人の相続税額を計算する

試験では、課税遺産総額は与えられます。相続人ごとの法定相続分と相続税額がしっかり計算できれば大丈夫！

第7章

模擬試験

最後に模擬試験を解いて
実力を確認しましょう！
間違えたところは
しっかり復習して
本試験に臨みましょう。

目 次

解答用紙ダウンロードのご案内

　本書の模擬試験について、下記ウェブページにて解答用紙をダウンロード提供しています。学習の際にご活用ください。

解答用紙ダウンロードページ

https://www.kadokawa.co.jp/product/322012000099/

学科試験
【共通】

問題数	60 問（正誤式 30 問、三肢択一式 30 問）
試験時間	120 分
正解目標	36 問以上

解答に当たっての注意事項

・試験問題については、特に指示のない限り、2021 年 4 月 1 日現在施行の法令等に基づいて解答してください。

・各問について答えを 1 つ選び、その番号を解答用紙にマークしてください。

【第1問】 次の各文章（(1)～(30)）を読んで、正しいものまたは適切なものには①を、誤っているものまたは不適切なものには②をつけなさい。 〔30問〕

(1) 税理士資格を有しないファイナンシャル・プランナーが行った顧客に対する個別具体的な税務相談は、その行為が無償であっても、税理士法に抵触する。

(2) 健康保険の被保険者であるYさん（69歳）は、75歳になると健康保険の被保険者資格を喪失し、後期高齢者医療制度の被保険者となる。

(3) 全国健康保険協会管掌健康保険の被保険者に支給される傷病手当金の額は、1日につき、原則として本人の標準報酬月額の2分の1に相当する額である。

(4) 国民年金の付加年金の額は、400円に付加保険料に係る保険料納付済期間の月数を乗じた額である。

(5) 住宅ローンの繰上げ返済を検討する場合、一般的に返済期間短縮型のほうが返済額軽減型よりも利息の軽減効果が高い。

(6) 生命保険の保険料の計算において、一般に、予定利率を高く見積もるほど、保険料が割安になる。

(7) 払済保険とは、現在契約している生命保険の保険料の払込みを中止し、その時点での解約返戻金をもとに、元の契約の保険期間を変えずに、元の契約と同種の保険に変更するものである。

(8) リビング・ニーズ特約は、被保険者の余命が3ヵ月以内と判断された場合に、生前に特約保険金を受け取ることができる特約である。

(9) 普通傷害保険は、急激かつ偶然な外来の事故による傷害が補償される保険であり、海外旅行中に発生した同様の事故による傷害も補償の対象となる。

(10)　家族傷害保険の被保険者の範囲には、被保険者本人と生計を共にする別居の未婚の子は含まれない。

(11)　消費者物価指数が継続的に上昇している場合、一般的には経済環境がインフレーションの状態になっていると考えられる。

(12)　PBR（株価純資産倍率）は、株価を1株当たり純資産で除して求められ、その株価の水準が割高か割安かを判断する指標として用いられる。

(13)　NISA口座に受け入れることができる投資信託には、公募株式投資信託のほかに、公募公社債投資信託が含まれる。

(14)　債券の信用格付では、一般に、B格相当以下の債券は「投機的格付」とされる。

(15)　金融商品取引法に規定される「適合性の原則」とは、顧客の知識、経験、財産の状況および金融商品取引契約を締結する目的に照らして不適当と認められる勧誘を行ってはならないというルールである。

(16)　納税義務者と実際に税金を負担する者が異なる税を間接税といい、住民税は間接税である。

(17)　所得税において、賃貸マンションの貸付が事業的規模で行われている場合には、この貸付による所得は、事業所得となる。

(18)　勤続年数が20年以下の者が退職手当等を受け取る場合、所得税における退職所得の金額の計算上、退職所得控除額は、40万円にその勤続年数を乗じた金額となる。

(19)　所得税において、住宅借入金等特別控除の適用を受けようとする者のその年分の合計所得金額が2,000万円を超えるときは、この適用を受けることができない。

(20) 給与所得者のうち、その年中に支払いを受ける給与等の金額が2,000万円を超える者は、必ず所得税の確定申告をしなければならない。

(21) 借地借家法の規定によれば、借地権は、その登記がなくても、土地上に借地権者が登記されている建物を所有するときは、第三者に対抗することができる。

(22) 区分建物に係る登記に記載される区分建物の床面積は、壁その他の区画の内側線で囲まれた部分の水平投影面積（内法面積）により算出される。

(23) アパートの所有者が自ら当該建物の賃貸を業として行う行為は、宅地建物取引業法で規定する宅地建物取引業に該当する。

(24) 不動産取得税は、個人が相続により不動産を取得したときには課されない。

(25) 固定資産税における小規模住宅用地の課税標準については、当該用地の課税標準の価格の3分の1の額とする特例がある。

(26) 養子縁組（特別養子縁組ではない）によって養子となった者は、養親の嫡出子として扱われ、養子縁組の成立と同時に、実方の父母との法律上の親族関係は終了する。

(27) 公正証書遺言は、遺言者が遺言の趣旨を公証人に口授し、公証人がそれを筆記して作成される遺言で、作成時に証人2人以上の立会いが必要である。

(28) 2021年中に開始する相続において、相続税における遺産に係る基礎控除額は、「5,000万円＋1,000万円×法定相続人の数」により算出される。

(29) 贈与者の死亡によって効力を生ずる死因贈与によって取得した財産は、贈与税の課税対象となる。

(30) 贈与税の配偶者控除の適用を受けた場合、贈与税の課税価格から基礎控除額と合わせて最高2,110万円を控除することができる。

【第2問】　次の各文章（(31)～(60)）の（　　　　）内にあてはまる最も適切な文章、語句、数字またはそれらの組合せを1)～3)の中から選びなさい。　　　　　　　　　　　　　　　　〔30問〕

(31)　利率（年率）2％の複利で5年間にわたって毎年50万円を返済する計画のローンを組む場合、借入可能額は、（　　　　）となる。なお、計算に当たっては下記の〈資料〉を利用するものとする。

　＜資料＞期間5年・利率2％（年率2％）の各種係数

年金現価係数	年金終価係数	終価係数
4.713	5.204	1.104

1)　2,356,500円

2)　2,500,000円

3)　2,602,000円

(32)　長期固定金利住宅ローンのフラット35（買取型）の借入金利は、（　　　　）時点の金利が適用される。

1)　借入申込

2)　居住開始

3)　融資実行

(33)　全国健康保険協会管掌健康保険の被保険者が、産科医療補償制度に加入する医療機関で出産した場合の出産育児一時金の額は、1児につき（　　　　）である。

1)　39万円

2)　40万4,000円

3)　42万円

⑶4　65歳到達時に老齢基礎年金の受給資格期間を満たしている者が、70歳到達日に老齢基礎年金の繰下げ支給の申出をした場合の老齢基礎年金の増額率は、（　　　　）となる。
1)　18％
2)　30％
3)　42％

⑶5　確定拠出年金の企業型年金において、マッチング拠出により加入者が拠出した掛金は、その（　　　　）が小規模企業共済等掛金控除として所得控除の対象となる。
1)　2分の1相当額
2)　3分の2相当額
3)　全額

⑶6　生命保険会社は、将来の保険金・年金・給付金等の支払いに備えるために、保険料の一部などを財源として積み立てており、この準備金を（　　　　）という。
1)　契約者配当準備金
2)　支払準備金
3)　責任準備金

⑶7　特定疾病保障定期保険では、被保険者が、ガン・（　　　　）・脳卒中により所定の状態に該当したとき、特定疾病保険金が支払われる。
1)　急性心筋梗塞
2)　動脈硬化症
3)　糖尿病

⑶8　医療保険等に付加される先進医療特約の対象となる先進医療とは、（　　　　）において厚生労働大臣が承認しているものである。
1)　契約時
2)　責任開始日
3)　療養を受けた時点

(39) 自動車損害賠償責任保険における保険金の支払限度額は、被害者1人につき、死亡による損害については（　①　）、傷害による損害については（　②　）である。

1)　①　3,000万円　　②　120万円
2)　①　5,000万円　　②　120万円
3)　①　5,000万円　　②　290万円

(40) 地震保険料控除の控除限度額は、所得税では（　①　）、住民税では（　②　）である。

1)　①　4万円　　②　2万5,000円
2)　①　5万円　　②　2万5,000円
3)　①　5万円　　②　2万8,000円

(41) 3ヵ月満期、利率（年率）2％の定期預金に1,000万円を預け入れた場合、満期時の元利合計額は（　　　）となる。なお、税金や手数料等は考慮せず、3カ月は0.25年として計算するものとする。

1)　10,050,000円
2)　10,100,000円
3)　10,200,000円

(42) クーポンレート（表面利率）0.6％、残存期間8年の固定利付債券を、額面100円当たり106円で購入した場合の最終利回り（単利）は、（　　　）である。なお、解答は％表示の小数点以下第3位を四捨五入するものとする。

1)　−0.14％
2)　　0.14％
3)　　1.27％

(43) 一般NISA口座内で生じた上場株式等の売買益や配当金等が非課税となる期間は、その一般NISA口座に上場株式等を受け入れた日の属する年の1月1日から起算して（　　　）を経過する日までとされている。

1)　3年
2)　4年
3)　5年

(44) 米ドル建て外貨預金10,000ドルを円貨に交換する場合、為替レートがTTS ＝121円、TTM＝120円、TTB＝119円のとき、その円貨の額は（　　　　）である。

1) 1,210,000円
2) 1,200,000円
3) 1,190,000円

(45) 異なる2資産からなるポートフォリオにおいて、2資産間の相関係数が（　　　　）である場合、ポートフォリオを組成することによる分散投資の効果は最大となる。

1) －1
2) 　0
3) 　1

(46) 居住者が国内で支払いを受ける預貯金の利子は、原則として、復興特別所得税を含む国税（　　　　）と地方税5％の税率により源泉徴収等される。

1) 15％
2) 15.315％
3) 20.42％

(47) 所得税において、（　　　　）の金額の計算上生じた損失の金額は、他の所得の金額と損益通算することができる。

1) 雑所得
2) 事業所得
3) 一時所得

(48) 納税者Aさんの総所得金額等が400万円である場合、所得税の医療費控除の控除額は、その年中に支払った医療費の金額から、保険金等で補てんされる金額および（　　　　）を控除して算出する。

1) 5万円
2) 10万円
3) 20万円

(49)　生命保険契約において、契約者（＝保険料負担者）および保険金受取人がA
さん、被保険者がAさんの配偶者である場合、Aさんの配偶者の死亡によりA
さんが受け取る死亡保険金は、（　　　）の課税対象となる。
1)　贈与税
2)　相続税
3)　所得税

(50)　年末調整の対象となる給与所得者は、年末調整の際に、所定の書類を勤務先
に提出することにより、（　　　）の適用を受けることができる。
1)　雑損控除
2)　寄附金控除
3)　生命保険料控除

(51)　借地借家法の規定によれば、事業用定期借地権等は、もっぱら事業の用に供
する建物の所有を目的とし、かつ、存続期間を（　　　）として設定される借
地権である。
1)　30年以上
2)　10年以上50年未満
3)　50年以上

(52)　宅地建物取引業者は、自ら売主となる宅地または建物の売買契約の締結に際
して、取引の相手方が宅地建物取引業者でない場合、代金の額の（　　　）を
超える額の手付金を受領することができない。
1)　5％
2)　10％
3)　20％

(53)　都市計画法の規定によれば、市街化調整区域は、（　　　）とされている。
1)　すでに市街地を形成している区域
2)　市街化を抑制すべき区域
3)　優先的かつ計画的に市街化を図るべき区域

(54) 土地・建物等に係る譲渡所得は、（　①　）において所有期間が（　②　）を超えるものは長期譲渡所得に、（　②　）以下であるものは短期譲渡所得に区分される。

1)　①　譲渡契約の締結日　　　　②　5年
2)　①　譲渡した年の1月1日　　②　3年
3)　①　譲渡した年の1月1日　　②　5年

(55) 投資総額5,000万円の賃貸用不動産の年間収入の合計額が600万円、年間費用の合計額が400万円である場合、この投資の純利回りは（　　　）である。

1)　4％
2)　8％
3)　12％

(56) 下記の〈親族関係図〉において、Aさんの相続における孫Fさんの法定相続分は、（　　　）である。なお、長男Dさんは、Aさんの相続開始前に死亡している。

＜親族関係図＞

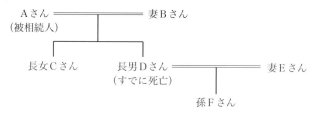

1)　4分の1
2)　8分の1
3)　0（なし）

(57) 遺留分算定の基礎となる財産の価額が1億8,000万円で、相続人が配偶者と子の合計2人である場合、子の遺留分の金額は、（　　　）となる。

1)　4,500万円
2)　6,000万円
3)　9,000万円

(58)　「配偶者に対する相続税額の軽減」の規定の適用を受けた場合、配偶者の取得する財産の価額が、相続税の課税価格の合計額に対する配偶者の法定相続分相当額、あるいは（　　　）までのいずれか多い金額までであれば、原則として、配偶者の納付すべき相続税額はないものとされる。

1)　1億2,000万円

2)　1億6,000万円

3)　1億8,000万円

(59)　自用地としての価額が1億円の宅地に賃貸マンションを建築し、貸家建付地として借地権割合が60％、借家権割合が30％、賃貸割合が100％とすると、当該宅地の相続税評価額は、（　　　）となる。

1)　1億円 × 60％ × 30％ × 100％ = 1,800万円

2)　1億円 × (1 − 60％) = 4,000万円

3)　1億円 × (1 − 60％ × 30％ × 100％) = 8,200万円

(60)　2021年中に開始した相続において、「小規模宅地等についての相続税の課税価格の計算の特例」により、特定事業用宅地等に係る本特例の適用対象面積は、（　　　）までの部分である。

1)　200㎡

2)　330㎡

3)　400㎡

【第1問】

ライフプランニングと資金計画

（1） ①

　税理士資格を有しないファイナンシャル・プランナーが、顧客の求めに応じて行う**個別具体的な税務相談**は、有償・無償を問わず、税理士法に抵触する。

（2） ①

　健康保険の被保険者は、75歳になると健康保険の被保険者の資格を喪失し、**後期高齢者医療制度**の被保険者となる。

（3） ②

　全国健康保険協会管掌健康保険の被保険者に支給される傷病手当金の額は、1日につき、原則として、当該被保険者の標準報酬日額の**3分の2**相当額である。

（4） ②

　国民年金の**付加年金**の額は、**200円**に付加保険料に係る**保険料納付済期間の月数**を乗じて得た額である。

（5） ①

　住宅ローンの一部繰上げ返済には、**返済期間短縮型**と**返済額軽減型**の方法があるが、同じ借入れ条件の場合、一般的に、返済額軽減型よりも返済期間短縮型のほうが利息削減効果が大きい。

リスク管理

（6） ①

　予定利率とは生命保険の保険料計算における予定率の1つで、予定利率が高いほど保険料は割安になる。これは、運用で見込める利益が保険料の割引という形で還元されるからである。予定利率を低く見積もる場合には、保険料は高くなる。

（7） ①

　払済保険とは、保険料の払込みを中止し、その時点の解約返戻金をもとに従前と同じ期間の同種類の保険（または養老保険）に変更することである。

（8） ②

　医師によって余命6ヵ月以内と診断された場合に、死亡保険金の一部または全部が支払われる**リビング・ニーズ特約**を付加する場合、特約保険料は不要である。

(9)　①

普通傷害保険は国内外を問わず、日常生活に起こるさまざまなケガを補償する保険であり、海外旅行中でも対象となる。

(10)　②

家族傷害保険の被保険者の範囲は、被保険者本人、本人の配偶者、本人または配偶者と生計を一にする同居の親族、本人または配偶者と生計を一にする別居の未婚の子となっている。

金融資産運用

(11)　①

消費者物価指数が継続的に上昇している場合、一般に、経済環境はインフレーションの状態にあると判断される。

(12)　①

PBR（株価純資産倍率）は、株価を1株当たり純資産で除して求められる。一方、**PER（株価収益率）**は株式の投資指標の1つで、株価を1株当たり純利益で除して求められる。

(13)　②

NISA口座に受け入れることができる上場株式等は、**上場株式、公募株式投資信託、上場投資信託（ETF）、上場不動産投資信託（J-REIT）**であり、**公募公社債投資信託**は対象外である。

(14)　②

債券の信用度を表す信用格付では、一般に、ダブルB（BB）相当以下の債券が「**投機的格付**」とされる。

(15)　①

「**適合性の原則**」は、金融商品取引法により規定されているもので、「顧客の知識、経験、財産の状況及び金融商品取引契約を締結する目的に照らして不適当と認められる勧誘」を行ってはならないというルールである。

タックスプランニング

(16)　②

住民税は、税金を実際に負担する者（**担税者**）と税金を納める者（**納税義務者**）が同一の直接税である。**間接税**は、消費税、酒税やたばこ税などで担税者と納税義務者が異なるものである。

(17) ②

　賃貸マンションの貸付が事業的規模で行われる場合でも、この貸付による所得は不動産所得となる。なお、事業的規模とは、①アパート等については、貸与することのできる**独立した室数**がおおむね**10室以上**であること、②**独立家屋**の貸付については、おおむね**5棟以上**であることをいう。

(18) ①

　退職所得控除額は、勤続年数が**20年以下**のときは、「**40万円×勤続年数（80万円に満たない場合には、80万円）**」により、勤続年数が20年超のときは、「**800万円＋70万円×（勤続年数－20年）**」により計算する。勤続年数の期間に1年に満たない端数があるときは、1年に切り上げる。

(19) ②

　住宅借入金等特別控除は、この特別控除を受ける年分の合計所得金額が、**3,000万円以下**であることが要件の1つとされている。

(20) ①

　給与所得者であっても、その年中に支払いを受ける給与等の金額が年間**2,000万円**を超える者は、所得税の確定申告が必要となる。

不動産

(21) ①

　借地権の対抗要件としては賃借権、地上権の登記があるが、借地権者保護の見地から、**借地借家法**において、借地権者が借地上に自己名義で登記された建物を所有している場合にも借地権を第三者に対抗できるとしている。

(22) ①

　分譲マンション等の区分建物の床面積は、壁その他の区画の内側線で囲まれた部分の**水平投影面積（内法面積）**で算出される。

(23) ②

　建物の貸借に関し、自ら貸主として契約を締結した場合は、宅地建物取引業には該当せず、**宅地建物取引業法**の規定は適用されない。

(24) ①

　不動産取得税は、土地や家屋を有償・無償の別、登記の有無にかかわらず、売買、贈与、交換、建築（新築、増築、改築）などにより取得した場合に課税されるが、相続による取得は課税されない。

(25) ②

　小規模住宅用地（住宅用地で住宅1戸当たり**200㎡まで**の部分）に対する固定資産税の課税標準は、当該土地の課税標準となるべき価格の**6分の1**の額となる。なお、住宅用地で住戸1戸当たり**200㎡を超える**部分に対する固定資産税の課税標準は、当該土地の課税標準となるべき価格の**3分の1**の額となる。

相続・事業承継

(26) ②

　養子縁組（特別養子縁組ではない）によって養子となった者は、養親の嫡出子として扱われるとともに、実方の父母との法律上の親族関係はそのまま継続する。

(27) ①

　公正証書遺言は、遺言者が遺言の趣旨を公証人に口授し、公証人がそれを筆記して作成される遺言で、作成時に**証人2人以上**の立会いが必要である。なお、証人には、推定相続人および受遺者、ならびにこれらの配偶者および直系血族など、利害関係を有する者はなることができない。

(28) ②

　2015年（平成27年）1月1日以後に開始する相続においては、相続税における遺産に係る基礎控除額は、「**3,000万円＋600万円×法定相続人の数**」の算式により算出される。

(29) ②

　贈与者の死亡によって効力を生ずる**死因贈与**によって取得した財産は、贈与税ではなく相続税の課税対象となる。

(30) ①

　贈与税の配偶者控除の適用を受けた場合、贈与税の課税価格から基礎控除額と合わせて**最高2,110万円**を控除することができるが、引き切れなかった残額は翌年以降繰り越すことはできない。

【第2問】

ライフプランニングと資金計画

(31) **1**

　年利2％で複利運用しながら5年間にわたり毎年50万円を返済する計画によりローンを組む場合、借入可能額を求めるには**年金現価係数**を用いる。
　50万円×4.713（2％・5年）＝**2,356,500円**となる。

(32)　3

　長期固定金利住宅ローンの**フラット35**（買取型）の借入金利は、**融資実行**時点の金利が適用される。

(33)　3

　全国健康保険協会管掌健康保険の被保険者が、産科医療補償制度に加入する医療機関で出産した場合の**出産育児一時金**の額は、1児につき**42万円**である。なお、産科医療補償制度に加入していない医療機関では40.4万円となる。

(34)　3

　65歳到達時に老齢基礎年金の受給資格期間を満たしている者が、70歳到達日に老齢基礎年金の繰下げ支給の申出をした場合の老齢基礎年金の増額率は**42％**（0.7％×60月）となる。

(35)　3

　確定拠出年金の企業型年金において、マッチング拠出により加入者が拠出した掛金は、その**全額**が小規模企業共済等掛金控除として所得控除の対象となる。

リスク管理

(36)　3

　生命保険会社において、将来の保険金や給付金の支払いに備えて積み立てられているものを**責任準備金**と呼ぶ。保険業法により保険会社には責任準備金が義務付けられている。

(37)　1

　特定疾病保障定期保険では、ガン・**急性心筋梗塞**・脳卒中により所定の状態に該当した場合に、特定疾病保険金が支払われる。特定疾病保険金を受け取らずに死亡した場合、死亡の原因に係わらず死亡保険金が支払われる。

(38)　3

　先進医療特約は、厚生労働大臣が承認する先進医療に該当する治療を、所定の医療機関で受けた場合等に給付金が支払われる特約である。契約後に新しく認められた先進医療技術にも適用される。

(39)　1

　自動車損害賠償責任保険（**自賠責保険**）の支払限度額は、被害者1名当たり、死亡については①**3,000万円**、傷害については②**120万円**である。なお、1事故当たりの支払限度額はないので、被害者が複数いる場合は、被害者ごとに限度

額まで支払われる。

(40) **2**

地震保険料控除の控除限度額は、所得税では**5万円**、住民税では**2万5,000円**である。

金融資産運用

(41) **1**

定期預金の満期時の**元利合計**は、以下の算式で計算できる。

$$元利合計 = 元本 \times (1 + \frac{年利率}{100} \times 預入期間)$$

$$= 10,000,000円 \times (1 + \frac{2}{100} \times 0.25年) = \textbf{10,050,000円}$$

(42) **1**

最終利回りは、既発債を購入し満期まで保有した場合の利回りで、以下の算式で求められる。

$$最終利回り（\%） = \frac{表面利率 + \dfrac{額面金額 - 買付価格}{残存年限}}{買付価格} \times 100$$

$$= \frac{0.6 + \dfrac{100円 - 106円}{8年}}{106円} \times 100$$

$$≒ \textbf{-0.14\%}（小数点以下第3位四捨五入）$$

(43) **3**

一般NISA（少額投資非課税制度） は、株式や株式投資信託等から得た配当金や譲渡益が、一般 NISA を通じて購入した日の属する年の1月1日から起算して**5年**を経過するまで非課税になる制度である。一般 NISA を利用した年間の投資金額の上限は、2016年から120万円となっている。

(44) **3**

外貨預金を円貨に交換する際は、TTB が用いられる。外貨預金が10,000米ドル、TTB が119円のとき、円換算の金額は以下のようになる。

10,000米ドル × 119円 = **1,190,000円**

なお、**TTS** は円貨を外貨に交換する際の為替レート、**TTM** は金融機関同士が取引をする際の為替レートである。

(45)　1

　異なる2資産の**相関係数**が**－1**であるとき、その2資産は**逆の値動き**をする。相関係数が－1である2資産でポートフォリオを組むことで、分散投資によるリスク軽減効果は最大となる。逆に相関係数が1であるとき、異なる2資産は全く同じ動きをするため、ポートフォリオのリスク軽減効果は得られない。

タックスプランニング

(46)　2

　2013年（平成25年）1月1日から2037年（令和19年）12月31日までの間に支払いを受けるべき預貯金の利子は、国税**15.315%**（所得税15%、復興特別所得税0.315%）、地方税5%の税率で源泉徴収等される。

(47)　2

　一時所得、雑所得、および配当所得の金額の計算上、損失が生じた場合でも、その損失の金額は他の各種所得の金額から控除することはできない。

(48)　2

　医療費控除の控除額は、「（1年間に支払った医療費－保険金等で補てんされた金額）－（**10万円**または総所得金額×5%のいずれか少ない金額）」で計算され、限度額は200万円である。

(49)　3

　死亡保険金を受け取った場合の課税関係として、保険料の負担者と保険金受取人とが同一人の場合の死亡保険金は**所得税**の課税対象となり、受取りの方法により、一時所得または雑所得として課税される。

(50)　3

　医療費控除、雑損控除、寄附金控除は年末調整では適用を受けることができないため、給与所得者であっても、これらの控除の適用を受けるためには、所得税の確定申告が必要となる。

不動産

(51)　2

　事業用定期借地権等は、もっぱら事業の用に供する建物所有を目的とし、賃貸マンションのような居住用建物や社宅、寮の所有を目的とすることはできない。存続期間は**10年以上50年未満**とされている。

(52) **3**

　宅地建物取引業者が自ら売主となる売買契約の締結に際しては、相手方が宅地建物取引業者以外の者である場合には代金の**20%**を超える手付金を受領してはならない。

(53) **2**

　市街化調整区域とは、**市街化を抑制すべき区域**であり、**市街化区域**とは、すでに市街地を形成している区域およびおおむね10年以内に優先的かつ計画的に市街化を図るべき区域である。

(54) **3**

　長期譲渡所得とは**譲渡した年の1月1日**において所有期間が**5年を超える**ものをいい、短期譲渡所得とは譲渡した年の1月1日において所有期間が**5年以下**のものをいう。

(55) **1**

　純利回りとは、不動産の賃料収入などから得られる収益から、不動産の管理運営にかかる費用（営業費用）を控除し、この値を取得価額で割ることにより求められる。

　純利回り（%）=（600万円-400万円）÷5,000万円×100 = **4（%）**

相続・事業承継

(56) **1**

　Aさんの相続における孫Fさんの**法定相続分**は、4分の1である。第1順位の子が相続するため、妻Bさんが2分の1、残りの2分の1を長女Cさんと長男Dさんの**代襲相続人**である孫Fさんが均等に相続するため、それぞれ**4分の1**となる。

(57) **1**

　遺留分算定の基礎となる財産の価額が1億8,000万円で、相続人が配偶者と子である場合、直系尊属以外の者が相続人であるため、総体的遺留分が被相続人の財産の2分の1となり、子の遺留分の金額は、**4,500万円**（1億8,000万円×1/2×1/2）となる。

(58) **2**

　配偶者に対する相続税額の軽減の規定では、配偶者の取得する財産の価額が、相続税の課税価格の合計額に対する配偶者の法定相続分相当額、あるいは**1億6,000万円**までのいずれか多い金額までであれば、原則として、配偶者の納付す

べき相続税額はないものとされる。なお、婚姻期間の長短は問われない。

（59）　**3**

　自用地としての価額が1億円の宅地に賃貸マンションを建築し、貸家建付地として借地権割合が60％、借家権割合が30％、賃貸割合が100％とすると、当該宅地の相続税評価額は、**8,200万円**となる。

（60）　**3**

　相続または遺贈において、「小規模宅地等についての相続税の課税価格の計算の特例」により、特定事業用宅地等に係る本特例の適用対象面積は、**400㎡**までの部分である。なお、特定居住用宅地等と特定事業用宅地等は完全併用が認められる。

実技試験
【資産設計提案業務】
（日本 FP 協会）

問題数	20 問
試験時間	60 分
正解目標	12 問以上

解答に当たっての注意事項

・試験問題については、特に指示のない限り、2021 年 4 月 1 日現在施行の法令等に基づいて解答してください。

・各問について答えを 1 つ選び、その番号を解答用紙にマークしてください。

【第1問】　下記の各問（問１）、（問２）について解答しなさい。

問1
　ファイナンシャル・プランニング業務を行うに当たっては、関連業法を順守することが重要である。ファイナンシャル・プランナー（以下「FP」という）の行為に関する次の記述のうち、最も不適切なものはどれか。

1．税理士資格を有していない FP が、金融機関が主催したセミナーにおいて、今年度の税制改正の内容について説明した。
2．投資助言・代理業の登録をしていない FP が、顧客と投資顧問契約を締結し、当該契約に基づいて特定の上場会社の業績予想や投資判断について助言をした。
3．生命保険募集人の登録をしていない FP が、顧客から相談を受け、将来の必要保障額の試算および加入している保険の見直しを行った。

問2

　下記は、福岡家のキャッシュフロー表（一部抜粋）である。このキャッシュフロー表に関する次の記述のうち、最も適切なものはどれか。なお、計算に当たっては、キャッシュフロー表中に記載の整数を使用することとし、計算結果は万円未満を四捨五入することとする。

＜福岡家のキャッシュフロー表＞　　　　　　　　　　　　　　　　（単位：万円）

経過年数			現在	1年後	2年後	3年後
西暦（年）			2021	2022	2023	2024
家族・年齢	福岡　宗男	夫	38歳	39歳	40歳	41歳
	加奈子	妻	36歳	37歳	38歳	39歳
	彩	長女	10歳	11歳	12歳	13歳
	涼真	長男	8歳	9歳	10歳	11歳
ライフイベント		（変動率）				長女中学入学
収入	給与収入（夫）	1％	555	561	566	572
	給与収入（妻）		103	103	103	103
	収入合計	−	658	664	669	675
支出	基本生活費	1％	400		（　ア　）	
	住宅関連費		132	132	132	132
	教育費					50
	保険料	−	30	30	30	30
	その他支出	1％				10
	一時的支出	1％	40	0	0	0
	支出合計	−	602	606		
年間収支		−	（　イ　）			
貯蓄残高		1％	400	（　ウ　）		

※問題作成の都合上、一部空欄にしてある。
※記載されている数値は正しいものとする。
※家族の年齢は、各年12月31日現在のものとし、2021年を基準年とする。

1．空欄（ア）に入る数値とその求め方：「$400 \times (1 + 0.01)^2 ≒ 408$」
2．空欄（イ）に入る数値とその求め方：「$602 - 658 = ▲56$」
3．空欄（ウ）に入る数値とその求め方：「$(400 + 58) \times (1 + 0.01) ≒ 463$」

【第2問】 下記の（問3）、（問4）について解答しなさい。

問3
　下記は、経済用語についてまとめた表である。下表の空欄（ア）～（ウ）に入る語句として、最も適切なものはどれか。

経済用語	主な内容
（ア）	日本銀行が景気の現状や先行きの見通しについて企業に直接行うアンケート調査で、全国企業短期経済観測調査の略称であり、年4回、調査・公表される。
（イ）	毎月全国の主要機械メーカーの設備用機械類の受注額を集計したもので、内閣府が公表している。
（ウ）	生産、雇用などさまざまな経済活動での重要かつ景気に敏感に反応する指標の動きを統合することによって、景気の現状把握および将来予測に資するために内閣府が計算、発表している指標である。

1．空欄（ア）：景気動向指数
2．空欄（イ）：機械受注統計調査
3．空欄（ウ）：消費者物価指数

問4

　個人向け国債に関する下表の空欄（ア）～（ウ）ににあてはまる語句として、最も不適切なものはどれか。

償還期限	10年	5年	3年
金利	変動金利	（　ア　）金利	固定金利
発行月（発行頻度）	毎月（年12回）		
購入単位	1万円以上1万円単位		
利払い	（　イ　）		
金利設定方法	基準金利×0.66	基準金利－0.05%	基準金利－0.03%
金利の下限	0.05%		
中途換金	原則として、発行から（　ウ　）経過しなければ換金できない。		

1．空欄（ア）：変動

2．空欄（イ）：半年

3．空欄（ウ）：1年

問5

　建築基準法に従い、下記〈資料〉の土地に建築物を建築する場合の延べ面積（床面積の合計）の最高限度として、正しいものはどれか。なお、記載のない条件については一切考慮しないこととする。

〈資料〉

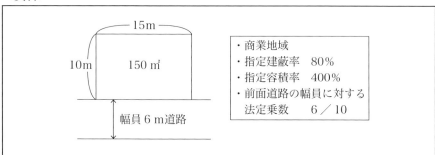

1．120㎡

2．540㎡

3．600㎡

問6

　神田さんは、2016年9月10日に取得した土地付き住宅に居住していたが、2021年12月10日、当該土地と建物を6,000万円で譲渡した。取得費と譲渡費用の合計額が2,300万円である場合、この譲渡に係る所得税額（計算式）として、正しいものはどれか。なお、神田さんは、この譲渡において、居住用財産を譲渡した場合の3,000万円の特別控除の適用を受けられるものとする。また、この譲渡は国や地方公共団体等へのものではなく、収用交換によるものでもない。

＜土地・建物等の譲渡所得に対する税率＞

所得の区分	長期譲渡所得	短期譲渡所得
所得税率	15％	30％

※復興特別所得税は考慮しない。

1．(6,000万円 − 2,300万円) × 30％ − 3,000万円 ≦ 0　∴0円
2．(6,000万円 − 2,300万円 − 3,000万円) × 15％ = 105万円
3．(6,000万円 − 2,300万円 − 3,000万円) × 30％ = 210万円

【第4問】 下記の各問（問7）、（問8）について解答しなさい。

問7

　千葉資仁さんが加入しているガン保険（下記の＜資料＞参照）の保障内容に関する次の記述のうち、空欄（ア）にあてはまる金額として、正しいものはどれか。なお、保険契約は有効に継続しているものとし、千葉さんはこれまでに＜資料＞の保険から給付金を一度も受け取ったことはないものとする。

＜資料・保険証券＞

ガン保険（一部抜粋）	保険証券記号番号（○○○○○○）
◇契約者　：千葉 資仁 様 ◇被保険者：千葉 資仁 様（契約年齢35歳） ◇受取人　：（死亡保険金）千葉 真凛 様 　　　　　　［契約者との続柄］ 妻	◇契約日（保険期間の始期） 　2014年（平成26年）4月1日 ◇主契約の保険期間：終身 ◇主契約の保険料払込期間：終身

◆ご契約内容

主契約 ［本人型］	ガン診断給付金　初めてガンと診断されたとき　　　　　　　　100万円 ガン入院給付金　1日につき　　　　　　　　　　　日額　10,000円 ガン通院給付金　1日につき　　　　　　　　　　　日額　 3,000円 ガン手術給付金　1回につき　　手術の種類に応じてガン入院給付金 　　　　　　　　　　　　　　　　　日額の10倍・20倍・40倍 死亡保険金　　　ガンによる死亡の場合は、ガン入院給付金日額の50倍 　　　　　　　　（ガン以外の死亡の場合は、ガン入院給付金日額の10倍）

　千葉資仁さんが2021年中に、初めてガン（悪性新生物）と診断され、その後30日間入院し、給付倍率20倍の手術（1回）を受けた場合、支払われる給付金の合計額は、（　ア　）万円である。

1．　50万円

2．150万円

3．180万円

問8

　小宮達也さんが契約している普通傷害保険の主な内容は、下記＜資料＞のとおりである。次の１～３のケース（該当者は小宮達也さんである）のうち、保険金の支払い対象とならないケースはどれか。なお、１～３のケースはいずれも保険期間中に発生したものである。また、＜資料＞に記載のない事項については一切考慮しないこととする。

＜資料＞

保険種類	普通傷害保険
保険期間	１年間
保険契約者	小宮達也
被保険者	小宮達也
死亡・後遺障害保険金額	5,000万円
入院保険金日額	5,000円
通院保険金日額	3,000円

※特約は付帯されていない。

１．地震により倒れてきた家具で足を打撲して、通院した。
２．野球の練習中に誤って転倒して足を骨折し、通院した。
３．台風による洪水で家が流された際に足を負傷して、入院した。

【第5問】 下記の（問9）、（問10）について解答しなさい。

問9

　会社員の宮本さんは、相続により取得した土地にアパートを建築して不動産賃貸業を開始することを考えている。不動産所得に関する次の記述の空欄(ア)、(イ)にあてはまる語句の組み合わせとして、正しいものはどれか。

　不動産所得の金額の計算上、賃貸料のほかに、礼金、更新料などの名目で受け取るものについても総収入金額に含まれる。
　また、不動産の貸付けをする際に受け取った敷金のうち、返還を要しない部分の金額は、返還を要しないことが確定した日において不動産所得の総収入金額に（　ア　）。
　不動産の貸付けを事業的規模以外で行った場合、青色申告制度を利用すれば、青色申告特別控除として最大（　イ　）の控除を受けることができる。

1．（ア）含まれる　　　（イ）65万円
2．（ア）含まれる　　　（イ）10万円
3．（ア）含まれない　　（イ）65万円

問10

　会社員の北さんは、2021年中に下記〈資料〉の医療費を支払っており、医療費控除の適用を受けるため、所得税の確定申告を行っている。北さんの2021年分の医療費控除の対象となる支出額（合計額）として、正しいものはどれか。なお、支払った医療費はすべて北さん、または生計を一にする妻および子のために支払ったものである。また、保険金等で補てんされた金額はない。

<資料>

健康診断料（糖尿病と診断され入院加療を要することになった）	40,000円
糖尿病による入院治療費	130,000円
虫歯治療のための歯科治療費	15,000円
骨折に伴う整形外科治療費	50,000円

1．180,000円

2．195,000円

3．235,000円

【第6問】 下記の各問（問11）、（問12）について解答しなさい。

問11

　2021年11月5日に相続が開始された被相続人の＜親族関係図＞が下記のとおりである場合、民法上の相続人および法定相続分の組み合わせとして、正しいものはどれか。なお、記載のない条件については一切考慮しないこととする。

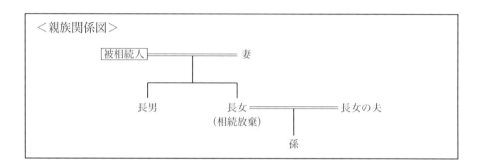

1．妻　1／2　　　長男1／2
2．妻　1／2　　　長男1／4　　　孫　　　1／4
3．妻　2／3　　　長男1／6　　　長女の夫1／6

問12

　相続時精算課税制度の概要に関する下表の空欄（ア）〜（ウ）にあてはまる数値の組み合わせとして、正しいものはどれか。

＜相続時精算課税制度の概要＞

適用対象者	贈与者：（　ア　）歳以上の父母または祖父母 受贈者：20歳以上の推定相続人である子、または20歳以上の孫
適用対象財産	贈与財産の種類、金額、贈与回数に制限なし
特別控除額	受贈者単位で贈与者ごとに累計（　イ　）万円まで
適用税率	（　イ　）万円を超える部分に対して一律（　ウ　）％

1．（ア）60　　（イ）2,500　　（ウ）20
2．（ア）65　　（イ）2,500　　（ウ）20
3．（ア）70　　（イ）2,000　　（ウ）10

【第7問】　下記の各問（問13）～（問20）について解答しなさい。

<設例>
野島孝一さんは、株式会社CPに勤める会社員である。孝一さんは今後の生活設計等について考えようと思い、妻の加奈子さんとともに、FPで税理士でもある金本さんに相談をした。なお、下記のデータはいずれも2021年1月1日現在のものである。

［家族構成］

氏名	続柄	生年月日	年齢	職業
野島　孝一	本人	１９７８年　３月１０日	４２歳	会社員
加奈子	妻	１９８０年　４月２９日	４０歳	専業主婦
優	長男	２０１０年１０月１４日	１０歳	小学生

［保有資産（時価）］

金融資産	
普通預金	３５０万円
定期預金	４００万円
財形年金貯蓄	２５０万円
個人向け国債	５０万円
生命保険（解約返戻金相当額）	１５０万円
不動産（自宅マンション）	２，４００万円

［負債残高］
・住宅ローン（自宅）：１，８００万円（債務者は孝一さん、団体信用生命保険付）

問13

　FPの金本さんは、野島家の2021年1月1日時点のバランスシートを作成した。下記の表の空欄（ア）にあてはまる金額として正しいものはどれか。なお、＜設例＞に記載のあるデータに基づいて解答することとする。

（単位：万円）

【資産】		【負債】	
金融資産		住宅ローン	××××
普通預金	××××		
定期預金	××××	（負債合計）	××××
財形年金貯蓄	××××		
個人向け国債	××××	【純資産】	（　ア　）
生命保険	××××		
不動産（自宅マンション）	××××		
資産合計	××××	負債・純資産合計	××××

1．1,200万円

2．1,800万円

3．3,600万円

問14

　孝一さんは、友人の高橋さんから取引金融機関のYG銀行（日本国内に本店のある普通銀行）が破綻した場合に、預金がどのくらい保護されるのかについての相談を受けた。高橋さんがYG銀行に預けている預金の内訳が下記<資料>のとおりである場合、預金保険制度により保護される元本（最大金額）に関する次の記述のうち、正しいものはどれか。

<資料>

決済用預金	500万円
円定期預金	1,500万円
円普通預金（利息付き）	700万円
外貨預金	600万円

※高橋さんはYG銀行において借入れはない。

1．決済用預金については、500万円が全額保護される。
2．円定期預金および円普通預金（利息付き）については、合算して2,000万円までが保護される。
3．外貨預金については、600万円が全額保護される。

問15

　孝一さんは、現在の勤務先を辞めて転職することを考えている。退職一時金1,000万円を、生活資金として年利1％で複利運用しながら5年間で均等に取り崩すとした場合、毎年の生活資金に充てることができる金額として、正しいものはどれか。なお、下記＜資料＞の3つの係数の中から最も適切な係数を選択して計算し、解答に当たっては、万円未満を四捨五入すること。また、税金や記載のない事項については一切考慮しないこととする。

＜資料：係数早見表（5年・年利1.0％）＞

現価係数	減債基金係数	資本回収係数
0.95147	0.19604	0.20604

1．　95万円

2．196万円

3．206万円

問16

　孝一さんの父の知也さんは、2021年9月末に勤務先を定年退職する予定で、退職一時金2,000万円が支給される見込みである。この場合における知也さんの所得税に係る退職所得の金額（計算式を含む）として、正しいものはどれか。なお、知也さんの勤続年数は36年であるものとする。また、知也さんは役員ではなく、障害者になったことに基因する退職ではないものとする。

＜退職所得控除額の求め方＞

勤続年数	退職所得控除額
20年以下	勤続年数×40万円（最低80万円）
20年超	800万円＋70万円×（勤続年数－20年）

1．2,000万円－1,920万円×1／2＝1,040万円

2．2,000万円－1,920万円＝80万円

3．（2,000万円－1,920万円）×1／2＝40万円

問17

　孝一さんは、地震への備えの一つとして地震保険を契約することを検討している。地震保険に関する次の記述のうち、最も適切なものはどれか。

1．地震により発生した津波による損害は、保険金支払いの対象とならない。
2．新築住宅の場合、地震保険を火災保険契約に付帯せず、単独で契約することができる。
3．保険料は、建物の構造や地域によって異なるが、建物の免震・耐震性能に応じた保険料割引制度がある。

問18

　孝一さんの公的年金加入歴は下記のとおりである。仮に、孝一さんが現時点（42歳）で死亡した場合、孝一さんの死亡時点において妻の加奈子さんに支給される公的年金の遺族給付に関する次の記述のうち、最も適切なものはどれか。なお、孝一さんは、入社時（25歳で入社）から死亡時まで厚生年金保険に加入しているものとし、遺族給付における生計維持要件は満たされているものとする。

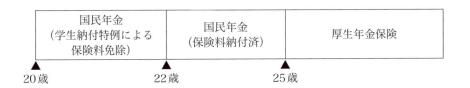

1．遺族厚生年金が支給され、中高齢寡婦加算額が加算される。
2．遺族厚生年金と寡婦年金が支給される。
3．遺族基礎年金と遺族厚生年金が支給される。

問19

　孝一さんは、通常65歳から支給される老齢基礎年金を繰り上げて受給できることを知り、FPの金本さんに質問した。老齢基礎年金の繰上げ受給に関する次の記述のうち、最も適切なものはどれか。なお、老齢基礎年金の受給要件は満たしているものとする。

1．老齢基礎年金は、60歳以上65歳未満の間に繰り上げて受給することができる。
2．老齢基礎年金を繰上げ受給した場合の年金額は、繰上げ月数1月当たり0.7％の割合で減額される。
3．老齢基礎年金を繰上げ受給した場合、65歳になるまでであれば、老齢基礎年金の繰上げ受給を取り消すことができる。

問20

　孝一さんは、2021年7月に病気の治療のため入院し、治療費を支払った。孝一さんの2021年7月の医療費の自己負担分が24万円であった場合（健康保険適用除外分はない）、健康保険の高額療養費制度により払戻しを受けることができる金額として、正しいものはどれか。なお、孝一さんの標準報酬月額は「38万円」である。また、今回の入院について健康保険限度額認定証は提示していないものとする。

＜1ヵ月当たりの医療費の自己負担限度額の計算式（一部抜粋）＞

標準報酬月額	自己負担限度額
28万円〜50万円	80,100円＋（医療費－267,000円）×1％

※多数該当および世帯合算については考慮しない。

1．　85,430円
2．154,570円
3．159,900円

【第1問】

問1　2

1．適切。税理士資格を有していないFPであっても、セミナーで税制改正の内容について説明することは問題ない。
2．不適切。顧客と投資顧問契約を締結し、特定の上場会社の業績予想や投資判断についての助言を行うことは、投資助言・代理業の登録をしていないFPの場合、できない。
3．適切。必要保障額の試算、および顧客が加入している保険の見直しを行うことは、生命保険募集人の登録をしていなくとも問題ない。

問2　1

1．適切。キャッシュフロー表の2年後の基本生活費の金額は、「現在価値×（1＋変動率）^{2}」で求める。
　　よって、$400×(1+0.01)^2 ≒ 408$ となる。
2．不適切。キャッシュフロー表の年間収支の金額は、「収入合計－支出合計」で求める。
　　よって、$658 - 602 = 56$ となる。
3．不適切。キャッシュフロー表の貯蓄残高の金額は、前年の貯蓄残高×変動率±年間収支で求める。
　　よって、$400×(1+0.01)+58 = 462$ となる。

【第2問】

問3　2

1．不適切。日本銀行が全国1万社程度の企業に対し、景気の現状や先行きの見通しについて直接アンケートを行うものは、日銀短観（全国企業短期経済観測調査）で、その結果は、業況判断DI の数値で公表される。
2．適切。機械受注統計調査は、内閣府が主要機械メーカーの受注する設備用機械について集計したもので、毎月公表される。
3．不適切。生産、雇用などさまざまな経済活動での重要かつ景気に敏感に反応する指標の動きを統合することで、景気の現状把握および将来予測に資する指標は、景気動向指数である。消費者物価指数は、家計が購入する商品とサービスの価格変動を時系列的に捉えた指標である。

問4　**1**

1．不適切。個人向け国債には、**10年満期、5年満期、3年満期**の3種類がある。10年満期は変動金利だが、5年満期、3年満期は固定金利である。

2．適切。個人向け国債の利払いは、**半年ごと(年2回)**に行われる。

3．適切。個人向け国債は満期前でも政府が額面金額で買い取ることによって換金することができる。ただし、10年満期、5年満期、3年満期とも発行から**1年間は換金禁止期間**で、特別な事情があるときを除いて換金することはできない。発行から1年経過すれば換金できるが、換金時に直前2回分の税引後利子相当額が差し引かれる。

【第3問】

問5　**2**

延べ面積（床面積の合計）の最高限度は、**敷地面積にその地域ごとに設定された容積率(指定容積率)を掛ける**ことによって求めることができる。

ただし、敷地の前面道路の幅員が12m未満の場合には、その前面道路の幅員（m）の数値に法定乗数（原則として、住居系の地域の場合：10分の4、住居系以外の地域の場合：10分の6）を乗じた容積率と、指定容積率とを比較し、いずれか厳しいほうがその容積率となる。

設問の土地の場合、6m×6/10＝36/10（360％）＜400％（指定容積率）となり、厳しいほうの360％がその容積率となる。

よって、延べ面積（床面積の合計）の最高限度は、150㎡×360％＝540㎡となる。

問6　**3**

土地建物を譲渡した場合の**長期譲渡所得**と**短期譲渡所得**は、譲渡した年の1月1日現在において、所有期間が**5年以下**か、**5年を超える**かにより判断する。設問では、譲渡した年（2021年）の1月1日現在の所有期間は5年未満であるので、短期譲渡所得に該当する。

課税短期譲渡所得の金額は、「**譲渡価額－（取得費＋譲渡費用）－特別控除**」により計算し、所得税の税率は30％である。

よって、（6,000万円－2,300万円－3,000万円）×30％＝210万円となる。

【第4問】

問7　**2**

　千葉さんが2021年中に初めてガン（悪性新生物）と診断され、30日間の入院と1回の手術をした場合に支払われる契約・特約は、**ガン診断給付金、ガン入院給付金、ガン手術給付金**であり、受け取れる給付金は、次のとおりである。

ガン診断給付金　　　　　　　　100万円
ガン入院給付金　10,000円×30日＝30万円
ガン手術給付金　10,000円×20倍＝20万円
　　　計　　　　　　　　　　　150万円

問8　**1**

1．対象とならない。**普通傷害保険**では特約がついていない限り、地震・噴火・津波が原因の傷害は、保険金支払いの対象とならない。
2．対象となる。普通傷害保険は、**日常生活**で起こるさまざまなケガを補償する保険であり、設問の場合も補償対象となる。
3．対象となる。普通傷害保険は、急激かつ偶然な外来事故（突発的で予測できない身体外部からの作用による事故）でケガをした場合に、国内外を問わず補償される保険であるため、設問の場合も補償対象となる。

【第5問】

問9　**2**

　不動産所得の金額の計算上、賃貸料のほかに、礼金、更新料などの名目で受け取るものについても総収入金額に含まれる。

　また、不動産の貸付けをする際に受け取った敷金のうち、返還を要しない部分の金額は、返還を要しないことが確定した日において不動産所得の総収入金額に含まれる。

　不動産の貸付けを事業的規模以外で行った場合、青色申告制度を利用すれば、**青色申告特別控除**として**最大10万円**の控除を受けることができる。

問10　**3**

　医療費控除は、**納税者本人または本人と生計を一にする配偶者やその他の親族**のために医療費を支払った場合に控除されるものである。医療費控除の対象となる医療費は、医師または歯科医師による診療費・治療費、治療のために購入した

医薬品代、通常必要な通院費用、入院時の部屋代・食事代などである。なお、人間ドックその他の健康診断の費用は、通常は医療費控除の対象とはならないが、それにより重大な疾病が発見され、その後治療を受けた場合には、医療費控除の対象となる。

したがって、北さんの2021年分の医療費控除の対象となる支出額は、＜資料＞にあるすべてであり、合計額235,000円となる。

【第6問】

問11　**1**

設問では、妻と第一順位である長男が法定相続人となる。よって、妻が2分の1、長男が2分の1となる。なお、相続を放棄した長女は初めから相続人ではなかったものとみなされ、代襲相続は生じない。

問12　**1**

相続時精算課税制度の適用者のうち、贈与者は**60歳以上**の父母または祖父母となる。なお、年齢は贈与年の1月1日現在で判断を行う。

また、**相続時精算課税制度**の**非課税枠**は、受贈者単位で贈与者ごとに**累計2,500万円**までとなっており、2,500万円を超えると一律**20%**の贈与税率が適用される。受贈者単位であるため、父と母とで相続時精算課税制度を選択すると、最大5,000万円の非課税枠の適用が受けられる。

【第7問】

問13　**2**

個人バランスシートを作成する際には、

- 資産は**時価**で算出する
- 保険は**解約返戻金相当額**を記載する

（単位：万円）

【資産】		【負債】	
金融資産		住宅ローン	1,800
普通預金	350		
定期預金	400	（負債合計）	1,800
財形年金貯蓄	250		
個人向け国債	50		
生命保険（解約返戻金相当額）	150	【純資産】	**1,800**
不動産（自宅マンション）	2,400		
資産合計	3,600	負債・純資産合計	3,600

したがって、純資産額は1,800万円となる。

問14　1

1．正しい。**預金保険制度**は、国内に本店のある銀行等の金融機関が破綻した際のセーフティネットで、「無利息・要求払い・決済サービスを提供できる」という3つの要件をすべて満たす決済用預金は、預入金額に係わらず全額保護の対象となる。＜資料＞の決済用預金については、500万円が全額保護される。

2．誤り。預金保険制度では、決済用預金以外の預金等は**元本1,000万円**までとその**利息**が保護の対象となる。

3．誤り。預金保険制度の対象となる金融機関に預け入れた預金等であっても、預金保険制度の保護の対象とならない商品がある。外貨預金や譲渡性預金（CD）、元本補てん契約のない金銭信託などは保護の対象外である。

問15　3

年利1％で複利運用しながら5年間で取り崩したときの毎年の受取額を求めるには、**資本回収係数**を用いる。

1,000万円×0.20604（1％・5年）＝2,060,400円→206万円

問16　3

退職所得控除額は、以下のとおりである。

800万円＋70万円×（36年－20年）＝1,920万円

退職所得の金額＝（2,000円－1,920万円）×1/2＝40万円

問17　3

1．不適切。地震により発生した**津波による損害**も、保険金支払いの対象となる。

2．不適切。地震保険は、**住宅総合保険**などの火災保険契約に付帯して契約するものであり、単独で契約することはできない。

3．適切。地震保険料は、建物の所在する地域により異なり、建物の免震・耐震性能に応じた割引制度がある。

問18　3

1．不適切。孝一さんが厚生年金保険加入中に死亡したため、加奈子さんに遺族厚生年金が支給されるが、中高齢寡婦加算は長男の優さんが**18歳になった最初の3月31日を経過した翌月**の4月から支給されることになる。

2．不適切。孝一さんの死亡により**遺族厚生年金**が支給されるが、孝一さんは国民年金の加入期間を満たしていないため、寡婦年金は支給されない。

3．適切。孝一さんの死亡により遺族厚生年金が支給されるが、同時に長男の優

さんがいるため、妻の加奈子さんに遺族基礎年金が支給される。

問19　**1**

1．適切。老齢基礎年金は、**60歳以上65歳未満**の間に繰り上げて受給することができる。

2．不適切。老齢基礎年金を繰上げ受給した場合の年金額は、繰上げ月数**1月当たり0.5%**の割合で減額される。

3．不適切。老齢基礎年金を繰上げ受給した場合、繰上げ受給を取り消すことはできない。

問20　**2**

自己負担額が24万円であるため、総医療費は80万円である。

24万円÷0.3＝80万円（70歳未満は3割負担）

次に、標準報酬月額が38万円の場合の「医療費の自己負担限度額」の計算式は次のとおり。

80,100円＋（総医療費－267,000円）×1％

孝一さんの場合は、

80,100円＋（800,000円－267,000円）×1％＝85,430円

したがって、240,000円－85,430円＝**154,570円**が高額療養費として払戻しを受けることができる。

実技試験
【個人資産相談業務】
（金融財政事情研究会）

問題数	15問（事例形式5題）
試験時間	60分
正解目標	9問以上

解答に当たっての注意事項

・試験問題については、特に指示のない限り、2021年4月1日現在施行の法令等に基づいて解答してください。

・各問について答えを1つ選び、その番号を解答用紙にマークしてください。

【第1問】 次の設例に基づいて、下記の（《問1》～《問3》）に答えなさい。

《設 例》

　P社に勤務するAさん（50歳）は、妻Bさん（49歳）との2人暮らしである。Aさんは、50歳になり自分達の将来について具体的に考えるようになった。また、Aさんは60歳でP社を退職する予定であり、その後の資金の準備についても知りたいと思っている。そこで、Aさんは、ファイナンシャル・プランナーのMさんに相談することにした。

　Aさんおよび妻Bさんに関する資料は、以下のとおりである。

＜Aさんおよび妻Bさんに関する資料＞
・Aさん（会社員）
　：1970年11月10日生まれ
　：全国健康保険協会管掌健康保険、厚生年金保険、雇用保険に加入

＜公的年金の加入歴（見込みを含む）＞

1990年11月	1993年4月		2021年5月	
国民年金 任意未加入期間 29月	厚生年金保険 被保険者期間 337月		厚生年金保険 被保険者期間 114月（加入見込み）	
20歳	22歳		50歳	60歳

・妻Bさん（専業主婦）
　：1971年9月10日生まれ
　：結婚までは厚生年金保険に加入、その後は第3号被保険者として国民年金に加入。

※上記以外の条件は考慮せず、各問に従うこと。

《問1》　Mさんは、Aさんに対して、Aさんの退職後における公的医療保険制度について説明した。Mさんが説明した以下の文章の空欄①〜③に入る語句の組合せとして最も適切なものは、次のうちどれか。

> 「Aさんが退職した後に加入する公的医療保険については、国民健康保険に加入するか、現在加入している健康保険の任意継続被保険者になることが考えられます。なお、健康保険の任意継続被保険者になる場合、その手続きは、原則として、資格喪失日から（　①　）以内に行う必要があり、任意継続被保険者として健康保険に加入できる期間は、最長で（　②　）です。
> 　任意継続被保険者に対する保険給付は在職時の保険給付とほぼ同じですが、資格喪失後の継続給付に該当する者を除き、任意継続被保険者には（　③　）は支給されません」

1)　①　20日　　　②　2年間　　　③　傷病手当金
2)　①　20日　　　②　3年間　　　③　高額療養費
3)　①　30日　　　②　3年間　　　③　傷病手当金

《問2》　Mさんは、Aさんが60歳でP社を退職し、その後、再就職等をしない場合におけるAさんの将来の公的年金の給付等について説明した。MさんのAさんに対する説明として、次のうち最も不適切なものはどれか。

1)　「Aさんには特別支給の老齢厚生年金は支給されず、老齢基礎年金および老齢厚生年金の支給開始年齢は、原則として65歳となります」
2)　「Aさんの60歳到達日以降に老齢基礎年金および老齢厚生年金の繰上げ支給の請求をした場合、老齢基礎年金の年金額は繰上げ1ヵ月当たり0.5％減額され、老齢厚生年金の年金額は繰上げ1ヵ月当たり0.7％減額されます」
3)　「Aさんには国民年金の任意未加入期間がありますが、定年退職後から65歳になるまでの間、その任意未加入期間に相当する月数について、国民年金に任意加入して保険料を納付した場合、老齢基礎年金の年金額を増額させることができます」

《問3》 Ａさんが、60歳になるまでの10年間にわたって、年利１％で複利運用しながら毎年200万円を積み立てたうえで、この積立による10年後の元利合計金額を、60歳から５年間にわたって、年利１％で複利運用しながら毎年均等に取り崩して受け取る場合における毎年の受取金額は、次のうちどれか。なお、計算に当たっては下記の係数を用いることとし、答えは万円未満を四捨五入して万円単位とする。また、税金や手数料は考慮しないものとする。

1) 410万円
2) 431万円
3) 455万円

<資料：係数早見表（年利1.0％）＞

期間	終価係数	年金終価係数	資本回収係数
5年	1.0510	5.1010	0.2060
10年	1.1046	10.4622	0.1056

【第２問】　次の設例に基づいて、下記の（《問４》～《問６》）に答えなさい。

―――――――――《設　例》―――――――――

　　会社員のＡさん（54歳）は、余裕資金で資産運用を行いたいと考えている。Ａさんは Ｐ株式会社の株式を証券会社の担当者から紹介を受けたが、現在まで投資の経験がないため、株式投資についてファイナンシャル・プランナーのＭさんに相談することにした。また、Ａさんは、最近話題になっているつみたて NISA にも興味がある。

＜Ｐ社株式に関する資料＞
　・株価　　　　　　　　　：2,000円
　・当期純利益　　　　　　：200億円
　・純資産（自己資本）　　：2,500億円
　・発行済株式数　　　　　：1億株
　・前期の配当金の額（年額）：40円（1株当たり）

※上記以外の条件は考慮せず、各問に従うこと。

《問４》　Ｍさんは、Ａさんに対して、つみたて NISA の仕組みについて説明した。Ｍさんが説明した以下の文章の空欄①～③に入る語句の組合せとして最も適切なものは、次のうちどれか。

　　「つみたて NISA は、個人投資家がつみたて NISA 口座を利用して上場株式等に投資する場合に配当等や譲渡益等が非課税となる制度です。2021年中につみたて NISA 口座で積立投資をする場合、非課税投資枠の上限は（　①　）となり、その非課税期間は最長で20年となります。また、つみたて NISA 口座の受入れの対象となる金融商品は、一定の要件を満たす（　②　）と ETF で、Ｐ社株式は対象に（　③　）」

1)　①　　40万円　　②　公募株式投資信託　③　なりません
2)　①　　40万円　　②　上場株式　　　　　③　なります
3)　①　120万円　　②　上場株式　　　　　③　なりません

《問5》 Mさんは、Aさんに対して、P社株式の投資指標について説明した。M
　　　　さんが説明した以下の文章の空欄①～③に入る語句の組合せとして最も適
　　　　切なものは、次のうちどれか。

> 「株価の相対的な割安・割高の度合いを測る指標としてPER（株価収益率）
> やPBR（株価純資産倍率）がありますが、P社のPERは（　①　）、PBR
> は（　②　）となっています。また、株主への利益還元の度合いを測る指標
> として配当性向がありますが、P社の配当性向は（　③　）となっています」

1)　①　10倍　　　②　1.25倍　　　③　2％
2)　①　10倍　　　②　0.8倍　　　③　20％
3)　①　12.5倍　　②　0.8倍　　　③　2％

《問6》 株式投資に関する次の記述のうち、最も不適切なものはどれか。

1)　国内上場株式を売買する際には、証券会社に対して売買委託手数料を支払う
　　ことになるが、この手数料はどの証券会社であっても同じ額である。
2)　国内上場株式を買い付ける場合、成行注文は指値注文に優先するため、売買
　　の成立を優先する場合には、成行注文が適しているといえる。
3)　Mさんが、P社株式の販売を目的として、「P社の業績は順調で、同社の株価
　　が業績悪化によって下落する可能性は全くない」と説明することは、金融商
　　品の販売等に関する法律等において禁止されている。

【第3問】 次の設例に基づいて、下記の（《問7》～《問9》）に答えなさい。

──────── 《設　例》 ────────

　Aさん（55歳）は、R株式会社に勤務する会社員である。Aさんは、2021年中に、加入していた下記の生命保険を解約し、解約返戻金を受け取った。また、Aさんおよび家族は病気による治療を受けた医療費について、医療費控除の適用を考えている。

　Aさんの2021年分の収入等に関する資料等は、以下のとおりである。

＜Aさんの家族構成＞
・Aさん（55歳）　　　　：会社員
・妻Bさん（49歳）　　　：専業主婦
・長女Cさん（21歳）　　：大学生

＜Aさんの2021年分の収入等に関する資料＞
・給与収入の金額　　　　：800万円
・生命保険の解約返戻金　：600万円

＜Aさんが2021年中に解約した生命保険に関する資料＞
・保険の種類　　　　　　　：一時払変額個人年金保険
・契約年月日　　　　　　　：2012年5月1日
・契約者（＝保険料負担者）：Aさん
・解約返戻金額　　　　　　：600万円
・正味払込保険料　　　　　：500万円

＜Aさんと家族が受けた治療に関して支払った医療費に関する資料＞
・Aさんは歯科治療を受け、その治療は2020年中に終わったが、その治療費を2021年1月に支払った。
・Aさんは、妻Bさんの入院治療に係る費用を2021年中に支払った。
・長女Cさんは、近視を矯正するため眼鏡（手術後の機能回復に使用するものではない）を購入し、購入費用をAさんが支払った。

※妻Bさん、長女Cさんは、Aさんと同居し、生計を一にしている。
※上記以外の条件は考慮せず、各問に従うこと。

《問7》 Aさんの2021年分の所得税の確定申告に関する以下の文章の空欄①〜③に入る語句の組合せとして最も適切なものは、次のうちどれか。

> i） 給与所得者の給与から源泉徴収された所得税は、勤務先で行う年末調整によって精算されるため、その年分の所得が給与所得だけであれば、通常、給与所得者は所得税の確定申告は不要である。しかし、その年分の給与収入の金額が（ ① ）を超える給与所得者は、年末調整の対象とならないため、所得税の確定申告をしなければならない。
>
> ii） Aさんの2021年分の給与収入の金額は800万円であり、（ ① ）を超えていないが、Aさんは2021年中に生命保険の解約返戻金を受け取っており、この解約返戻金に係る所得金額が（ ② ）を超えるため、Aさんは所得税の確定申告をしなければならない。なお、2021年分の所得税の確定申告書の提出期限は、原則として、2022年（ ③ ）である。

1) ① 1,500万円　② 10万円　③ 3月15日
2) ① 2,000万円　② 20万円　③ 3月15日
3) ① 2,000万円　② 10万円　③ 3月31日

《問8》 Aさんおよびその家族が設例のような治療を受けていた場合の所得税の医療費控除に関する次の記述のうち、最も不適切なものはどれか。

1) Aさん本人が歯科治療を受け、その治療費を2021年1月に支払っているが、その治療は2020年中に終わっているため、2021年分の医療費控除の対象とならない。
2) Aさんは、妻Bさんの入院治療に係る費用を2021年中に支払っており、妻Bさんは本人と生計を一にする親族に該当するため、2021年分の医療費控除の対象となる。
3) 長女Cさんが使用する眼鏡は、日常生活の必要性に基づいて購入されたものであり、医療費控除の対象とならない。

《問9》　Aさんの2021年分の総所得金額は、次のうちどれか。

1)　635万円
2)　660万円
3)　790万円

<資料>給与所得控除額の速算表

給与収入の金額		給与所得控除額
超	以下	
－	180万円	収入金額×40％－　10万円（最低55万円）
180万円	360万円	収入金額×30％＋　　8万円
360万円	660万円	収入金額×20％＋　44万円
660万円	850万円	収入金額×10％＋110万円
850万円		195万円

【第４問】 次の設例に基づいて、下記の（《問10》～《問12》）に答えなさい。

《設　例》

　会社員のＡさん（55歳）は、2021年９月に、母親の自宅およびその敷地（甲土地）を相続により取得した。Ａさんはすでに自宅を所有しているため、相続した母親の自宅を取り壊し、甲土地に賃貸アパートの建築を考えている。
　甲土地の概要は、以下のとおりである。

＜甲土地の概要＞

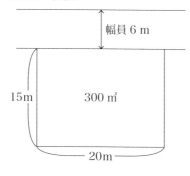

用途地域：第一種中高層住居専用地域
指定建蔽率：60％
指定容積率：200％
前面道路幅員による容積率の制限
　　　　　：前面道路幅員 $\times \dfrac{4}{10}$
防火規制　：なし

※指定建蔽率および指定容積率は、それぞれ都市計画において定められた数値である。
※上記以外の条件は考慮せず、各問に従うこと。

《問10》 甲土地の取得および賃貸アパートの建築に関する次の記述のうち、最も不適切なものはどれか。

1) 相続による甲土地の取得に対しては、不動産取得税が課されない。
2) 甲土地に耐火建築物を建築する場合、建蔽率の上限は緩和され、指定建蔽率に10％が加算される。
3) Ａさんは、賃貸アパートを新築した日から所定の期間内に、新築建物に関する表題登記の申請をしなければならない。

《問11》　Aさんが甲土地に賃貸アパートを建築する場合の容積率の上限となる
　　　　　延べ面積は、次のうちどれか。

1)　300㎡ × 60 ％ ＝ 180㎡

2)　300㎡ × 200 ％ ＝ 600㎡

3)　300㎡ × 240 ％ ＝ 720㎡

《問12》　固定資産税に関する以下の文章の空欄①～③に入る語句の組合せとし
　　　　　て最も適切なものは、次のうちどれか。

　　毎年（　①　）現在において土地・家屋の所有者として固定資産課税台帳
に登録されている者に対しては、土地・家屋に係る地方税である固定資産税
が課される。固定資産税の税額は課税標準に税率を乗じて計算され、その課
税標準の基礎となる価格（固定資産税評価額）は、原則として、（　②　）
に1度評価替えが行われる。
　　また、土地・家屋に係る固定資産税の標準税率は（　③　）であるが、各
市町村はこれを超える税率を条例によって定めることができる。

---

1)　①　1月1日　　　②　5年　　　③　0.3％

2)　①　4月1日　　　②　3年　　　③　0.3％

3)　①　1月1日　　　②　3年　　　③　1.4％

【第5問】 次の設例に基づいて、下記の（《問13》～《問15》）に答えなさい。

《設　例》

　Aさん（75歳）は、自身の将来の相続に備え、遺言書の作成を検討している。また、Aさんは、所有している賃貸アパートや加入している生命保険契約について、相続時の取扱いを知りたいと考えている。

　Aさんの親族関係図は、以下のとおりである。

＜Aさんの親族関係図＞

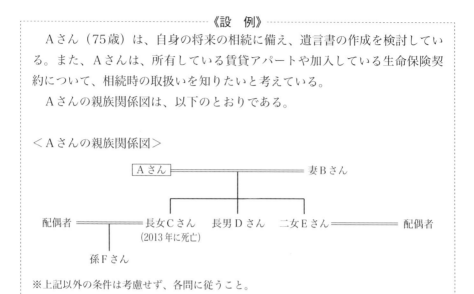

※上記以外の条件は考慮せず、各問に従うこと。

《問13》　民法上の遺言に関する次の記述のうち、最も不適切なものはどれか。

1) 自筆証書遺言は、遺言者が、その遺言の全文、日付および氏名を自書し、これに押印して作成するものであるが、財産目録については、パソコン等で作成することができる。
2) 公正証書遺言は、遺言者が、公証役場において遺言の趣旨を公証人に口授し、公証人がそれを筆記して作成する遺言であり、作成に当たっては証人の立会いは不要である。
3) 公正証書遺言は、相続開始後に家庭裁判所における検認は不要であるが、自筆証書遺言は、相続開始後に家庭裁判所における検認が必要である。

《問14》 Aさんの相続が開始した場合の相続税に関する以下の文章の空欄①〜③に入る語句の組合せとして最も適切なものは、次のうちどれか。

> ⅰ) Aさんの相続における遺産に係る基礎控除額は、「3,000万円＋（ ① ）×法定相続人の数」の算式により算出される。
>
> ⅱ) 妻BさんがAさんの相続により財産を取得した場合、妻Bさんが受け取る死亡保険金のうち、「（ ② ）×法定相続人の数」の算式により算出された金額が、相続税の非課税財産となる。
>
> ⅲ) Aさんが所有している賃貸アパートの敷地は、Aさんの相続税の課税価格の計算において貸家建付地として評価され、その相続税評価額は「自用地評価額×（1－（ ③ ））」の算式により算出される。

1) ① 600万円 ② 300万円 ③ 借地権割合×賃貸割合
2) ① 1,000万円 ② 500万円 ③ 借地権割合×借家権割合×賃貸割合
3) ① 600万円 ② 500万円 ③ 借地権割合×借家権割合×賃貸割合

《問15》 仮に、Aさんの相続が開始し、Aさんの相続における課税遺産総額（「課税価格の合計額－遺産に係る基礎控除額」）が1億5,000万円であった場合の相続税の総額は、次のうちどれか。

1) 2,525万円
2) 2,650万円
3) 4,300万円

<資料>相続税の速算表（一部抜粋）

法定相続分に応ずる各人の取得金額		税率	控除額
	1,000万円以下	10％	－
1,000万円超	3,000万円以下	15％	50万円
3,000万円超	5,000万円以下	20％	200万円
5,000万円超	10,000万円以下	30％	700万円
10,000万円超	20,000万円以下	40％	1,700万円
20,000万円超	30,000万円以下	45％	2,700万円

実技試験（個人資産相談業務）の解答と解説

【第1問】

問1 　**1**

「Aさんが退職した後に加入する公的医療保険については、国民健康保険に加入するか、現在加入している健康保険の任意継続被保険者になることが考えられます。なお、健康保険の任意継続被保険者になる場合、その手続きは、原則として、資格喪失日から①**20日**以内に行う必要があり、任意継続被保険者として健康保険に加入できる期間は、最長で②**2年間**です。任意継続被保険者に対する保険給付は在職時の保険給付とほぼ同じですが、資格喪失後の継続給付に該当する者を除き、任意継続被保険者には③**傷病手当金**は支給されません」

問2 　**2**

1) 適切。Aさんには、特別支給の老齢厚生年金は支給されず、老齢基礎年金および**老齢厚生年金の支給開始年齢**は、原則として、**65歳**となる。

2) 不適切。Aさんが60歳到達日以降に老齢基礎年金および**老齢厚生年金の繰上げ支給**の請求をした場合、老齢基礎年金および老齢厚生年金ともに、繰上げ**1ヵ月当たり0.5%減額**される。

3) 適切。Aさんには国民年金の任意未加入期間があるが、定年退職後から65歳になるまでの間、その任意未加入期間に相当する月数について、国民年金に任意加入して保険料を納付した場合、老齢基礎年金の年金額を増額させることができる。

問3 　**2**

　Aさんが60歳になるまでの10年間にわたり、年利1%で複利運用しながら毎年200万円を積み立てた場合の積立額を求めるときは、**年金終価係数**を使い計算をする。

　60歳時点での積立総額＝200万円×10.4622（1%・10年）＝20,924,400円

　次に、この積立総額を、年利1%で複利運用しながら5年で均等に取り崩す場合の、毎年の受取額を求めるときは、**資本回収係数**を使い計算する。

　60歳からの毎年の受取額

　＝20,924,400円×0.2060（1%・5年）≒4,310,426円→**431万円**

【第2問】

問4 **1**

「つみたてNISAは、個人投資家がつみたてNISA口座を利用して上場株式等に投資する場合に配当等や譲渡益等が非課税となる制度です。2021年中につみたてNISA口座で積立投資をする場合、非課税投資枠の上限は①**40万円**となり、その非課税期間は最長で20年となります。また、つみたてNISA口座の受入れの対象となる金融商品は、一定の要件を満たす②**公募株式投資信託**とETFで、P社株式は対象に③**なりません**」

問5 **2**

株価の相対的な割安・割高の度合いを測る指標としてPER（株価収益率）やPBR（株価純資産倍率）がある。

PERは、1株当たり純利益をもとに株価の割安性を比較する指標で、以下の算式で求められる。

$$PER（倍）＝\frac{株価}{1株当たり純利益}$$

P社の場合、株価が2,000円、1株当たり純利益が200円（200億円÷1億株）なので、PERは10倍（2,000円÷200円）となる。

PBR（株価純資産倍率）は、1株当たり純資産をもとに株価の割安性を比較する指標で、以下の算式で求められる。

$$PBR（倍）＝\frac{株価}{1株当たり純資産}$$

P社の場合、株価が2,000円、1株当たり純資産が2,500円（2,500億円÷1億株）なので、PBRは0.8倍（2,000円÷2,500円）となる。

配当性向は株主への利益還元の度合いを測る指標で、以下の算式で求められる。

$$配当性向（\%）＝\frac{配当金総額}{当期純利益}×100$$

P社の場合、配当金総額は40億円（40円×1億株）、当期純利益は200億円なので、配当性向は20％（40億円÷200億円×100）となる。

問6 **1**

1) 不適切。国内上場株式を売買する際、証券会社に対して**売買委託手数料**を支払う必要がある。この手数料は、現在は完全に自由化されており、その額や計算方法は証券会社によって異なる。

2) 適切。国内上場株式の注文方法には**成行注文**と**指値注文**がある。市場では、「成行注文優先の原則」により約定されるため、売買の成立を優先したい場合は、成行注文のほうが適しているといえる。ただし、成行注文は金額を指定しないため、予想外の価格で約定する場合もある。

3) 適切。**金融商品販売法**は金融商品販売業者を規制する法律であり、Mさんが金融商品の販売を目的として断定的判断を提供することは、金融商品販売法に抵触する。

【第3問】

問7　2

ⅰ）給与所得者の給与から源泉徴収された所得税は、勤務先で行う年末調整によって精算されるため、その年分の所得が給与所得だけであれば、通常、給与所得者は所得税の確定申告は不要である。しかし、その年分の給与収入の金額が①**2,000万円**を超える給与所得者は、年末調整の対象とならないため、所得税の確定申告をしなければならない。

ⅱ）Aさんの2021年分の給与収入の金額は800万円であり、①**2,000万円**を超えていないが、Aさんは2021年中に生命保険の解約返戻金を受け取っており、この解約返戻金に係る所得金額が②**20万円**を超えるため、Aさんは所得税の確定申告をしなければならない。なお、2021年分の所得税の確定申告書の提出期限は、原則として、2022年③**3月15日**である。

問8　1

1) 不適切。医療費控除の対象となる医療費の金額は、**その年中に実際に支払った金額**に限られており、その年中に治療が終わっている場合であっても、未払となっている医療費は、その年の医療費控除の対象とはならない。したがって、Aさんの受けた歯科治療の治療費については、治療費を支払った年である2021年分の医療費控除の対象となる。

2) 適切。**医療費控除**は、自己または自己と生計を一にする配偶者その他の親族に係る医療費を支払った場合に適用することとされている。

3) 適切。眼鏡の購入費用が医療費控除の対象となるためには、医師による治療を必要とする症状を有し、かつ医師による治療が現に行われていることが必要である。一般的な近視や遠視の矯正のためのものは医療費控除の対象とはならない。

問9　**1**

①給与所得の金額

給与収入の金額 − 給与所得控除額

＝ 800万円 − （800万円 × 10％ ＋ 110万円）

＝ 610万円

②一時所得の金額

総収入金額 − 収入を得るために支出した金額 − 特別控除額（最高50万円）

＝ 600万円 − 500万円 − 50万円

＝ 50万円

③総所得金額

① ＋ ② × 1/2 ＝ **635万円**

【第4問】

問10　**2**

1) 適切。**不動産取得税**は、土地や家屋を購入したり、家屋を建築するなどして不動産を取得したときに、有償・無償の別、登記の有無にかかわらず課税される。ただし、相続により取得した場合には課税されない。

2) 不適切。防火地域内の耐火建築物等、準防火地域内の耐火建築物・準耐火建築物等については、**指定建蔽率に10％が加算**される緩和措置があるが、設問は防火規制のない地域であるので、耐火建築物を建築する場合でも建蔽率は緩和されない。

3) 適切。新築した建物または区分建物以外の表題登記がない建物の所有権を取得した者は、その所有権の取得の日から**1ヵ月以内**に、表題登記を申請しなければならないとされている。

問11　**2**

容積率の上限となる延べ面積は、敷地面積に、その地域ごとに設定された容積率（指定容積率）を掛けることによって求めることができる。ただし、敷地の前面道路の幅員が12m未満の場合には、その前面道路の幅員（m）の数値に法定乗数（原則として、住居系の地域の場合：10分の4、住居系以外の地域の場合：10分の6）を乗じた容積率と、指定容積率とを比較し、いずれか厳しいほうがその容積率となる。

設問の土地の場合、6m × 4/10 ＝ 24/10（240％）＞ 200％（指定容積率）となり、厳しいほうの200％がその容積率となる。

よって、最大延べ面積は、300㎡×200％＝600㎡となる。

問12　**3**

　毎年①1月1日現在において土地・家屋の所有者として固定資産課税台帳に登録されている者に対しては、土地・家屋に係る地方税である固定資産税が課される。固定資産税の税額は課税標準に税率を乗じて計算され、その課税標準の基礎となる価格（固定資産税評価額）は、原則として、②3年に1度評価替えが行われる。

　また、土地・家屋に係る固定資産税の標準税率は③1.4％であるが、各市町村はこれを超える税率を条例によって定めることができる。

【第5問】

問13　**2**

1)　適切。自筆証書遺言は、遺言者がその遺言の全文、日付、氏名を自書し、これに押印して作成する遺言であり、秘匿性に優れている。民法の改正により、財産目録についてはパソコン等で作成したり、預金通帳のコピーを添付したりすることも可能となった。

2)　不適切。公正証書遺言は、遺言者が公証役場で遺言の趣旨を公証人に口授し、公証人がそれを筆記することによって作成する遺言であるが、作成に当たり2人以上の証人の立会いが必要となるため、安全性は高いが、秘匿性に劣る。

3)　適切。公正証書遺言は、遺言開始後の家庭裁判所における検認は不要であるが、自筆証書遺言は、相続開始後に家庭裁判所による検認が必要となる。

問14　**3**

　Aさんの相続における遺産に係る基礎控除額は「3,000万円＋①600万円×法定相続人の数」で求めることができる。なお、Aさんの相続においては、「3,000万円＋600万円×4人」＝5,400万円となる。また、法定相続人は、妻Bさん、長女Cさんの代襲相続人である孫Fさん、長男Dさん、二女Eさんの計4人となる。

　妻BさんがAさんの相続による財産を取得した場合、妻Bさんが設問中の生命保険から受け取る死亡保険金のうち、相続税の非課税財産の額は「②500万円×法定相続人の数」で求めることができる。Aさんの相続においては、「500万円×4人」＝2,000万円となる。

　Aさんが所有している賃貸アパートの敷地は、Aさんの相続税の課税価格の計算において貸家建付地として評価され、その相続税評価額は「自用地評価額×（1－③借地権割合×借家権割合×賃貸割合）」の算式によって算出される。

問15 **1**

　課税遺産総額が1億5,000万円であった場合、法定相続分で仮に按分して、相続人ごとの税額を算出すると、妻Bさんは「1億5,000万円×1/2×30％－700万円＝1,550万円」、孫Fさん、長男Dさん、二女Eさんは、「1億5,000万円×1/2×1/3×15％－50万円＝325万円」となる。

　よって、相続税額の総額は、1,550万円＋325万円×3人＝**2,525万円**となる。

【著者紹介】LEC東京リーガルマインド
1979年、司法試験の受験指導機関として創立して以来、FP試験をはじめ、公務員試験、司法書士、弁理士、行政書士、社会保険労務士、宅地建物取引士、公認会計士、税理士、日商簿記など各種資格・国家試験の受験指導を行う総合スクール、法人研修事業、雇用支援事業、教育出版事業、大学・大学院運営といった人材育成を中心とする多角的経営を行っている。現在、100資格・試験を取り扱い、全国に直営校28校、提携校22校（2021年3月現在）を展開しており、2019年に創立40周年を迎えた。

【編者紹介】岩田　美貴（いわた　みき）
早稲田大学文学部卒業。経済・金融関係の出版社勤務を経て、1997年に(有)モーリーズ 岩田美貴FP事務所を設立し、ファイナンシャル・プランナーとして独立。「顧客に寄り添うFP」をモットーに、ライフプラン全般にわたるコンサルティングを開始する。LECでの講師歴は19年で、FPの上級講座までを担当。テンポのいい語り口はわかりやすい！と大評判で、多くの試験合格者を輩出している。著書に『ゼロからスタート！岩田美貴のFP3級1冊目の教科書2021-2022年版』『ゼロからスタート！岩田美貴のFP2級1冊目の教科書2021-2022年版』（以上、KADOKAWA）がある。

ゼロからスタート！

岩田美貴のFP3級問題集 2021-2022年版

2021年5月26日　初版発行

著者／LEC東京リーガルマインド

編／岩田　美貴

発行者／青柳　昌行

発行／株式会社KADOKAWA
〒102-8177　東京都千代田区富士見2-13-3
電話　0570-002-301（ナビダイヤル）

印刷所／株式会社加藤文明社印刷所

●お問い合わせ
https://www.kadokawa.co.jp/（「お問い合わせ」へお進みください）
※内容によっては、お答えできない場合があります。
※サポートは日本国内のみとさせていただきます。
※Japanese text only

定価はカバーに表示してあります。